Síndromes de Plutão e dos
outros planetas exteriores

Dados Internacionais de Catalogação na Publicação (CIP)
(Câmara Brasileira do Livro, SP, Brasil)

Bueno, Ciça
　　Síndromes de Plutão e dos outros planetas exteriores / Ciça Bueno, Márcia Mattos. — São Paulo : Ágora, 2007.

Bibliografia.
ISBN 978-85-7183-027-1

1. Astrologia  2. Astrologia e psicologia  3. Planetas  4. Sistema Solar  I. Título  II. Mattos, Márcia.

07-2378                                                                 CDD-133.5

　　　　　　　Índices para catálogo sistemático:

　　　　　　　1. Astrologia     133.5
　　　　　　　2. Autoconhecimento e astrologia     133.5

Compre em lugar de fotocopiar.
Cada real que você dá por um livro recompensa seus autores
e os convida a produzir mais sobre o tema;
incentiva seus editores a encomendar, traduzir e publicar
outras obras sobre o assunto;
e paga aos livreiros por estocar e levar até você livros
para a sua informação e o seu entretenimento.
Cada real que você dá pela fotocópia não autorizada de um livro
financia o crime
e ajuda a matar a produção intelectual de seu país.

Ciça Bueno
Márcia Mattos

# Síndromes de Plutão e dos outros planetas exteriores

*SÍNDROMES DE PLUTÃO E DOS OUTROS PLANETAS EXTERIORES*
Copyright © 2007 by autoras
Direitos desta edição reservados por Summus Editorial

Diretora editorial: **Edith M. Elek**
Editora executiva: **Soraia Bini Cury**
Assistentes editoriais: **Bibiana Leme e Martha Lopes**
Capa: **Antonio Kehl**
Projeto gráfico: **Raquel Coelho / Casa de Idéias**
Diagramação: **Raquel Coelho / Casa de Idéias**

**Editora Ágora**
Departamento editorial:
Rua Itapicuru, 613 – 7º andar
05006-000 – São Paulo – SP
Fone: (11) 3872-3322
Fax: (11) 3872-7476
http://www.editoraagora.com.br
e-mail: agora@editoraagora.com.br

Atendimento ao consumidor:
Summus Editorial
Fone: (11) 3865-9890

Vendas por atacado:
Fone: (11) 3873-8638
Fax: (11) 3873-7085
e-mail: vendas@summus.com.br

Impresso no Brasil

**Agradecimentos**

Agradeço especialmente à Márcia Mattos e a todos aqueles que de mim cuidaram para que eu pudesse compreender minhas doenças e desarmonias, conscientizar-me delas e empreender meu processo em direção à cura. São eles: Alfeu Ruggi, Amnéris Maroni, Antônio Vivolo, Carlos José de Carvalho, Mário Gonzales, Miguel Ângelo Filiage, Nagako Ono, Sandra Mayerle de Faria, Silvana Farace, Suely Haddad e Vitor Stirnimann.

Em especial, dedico este livro aos meus pais, Osório e Conceição, e, não sem tempo, aos meus queridos alunos.

# Sumário

Prefácio, 9
Apresentação, 13

## PARTE I

### INTRODUÇÃO À ASTROLOGIA, 19
O que são planetas exteriores?, 20
O mapa astrológico revela as várias dimensões da vida, 22

### AS CATEGORIAS DE PLANETAS: PESSOAIS, SOCIAIS E TRANSPESSOAIS, 31
Os planetas sociais, 32
Os planetas transpessoais, 33

### O QUE É UMA SÍNDROME?, 39
Como se desenvolve uma síndrome?, 41
Como detectar uma síndrome?, 41
Observações importantes, 43

## PARTE II

### INCONSCIENTE COLETIVO, INSTINTOS, ARQUÉTIPOS E COMPLEXOS, 47
Inconsciente coletivo, 47
Instintos e arquétipos, 48
Arquétipos e complexos, 49
Síndromes e complexos, 51

### AS PERSONAGENS ARQUETÍPICAS: O MITO GREGO DA CRIAÇÃO, 53

### SÍNDROMES DE JÚPITER, 59
O mito de Zeus, o Deus dos deuses, 61

Palavras-chave associadas ao arquétipo de Júpiter, 62
As síndromes de Júpiter, 65
Sugestões de cura para as síndromes de Júpiter, 77

**SÍNDROMES DE SATURNO, 81**
O mito de Crono, 83
Palavras-chave associadas ao arquétipo de Saturno, 84
As síndromes de Saturno, 86
Sugestões de cura para as síndromes de Saturno, 112

**SÍNDROMES DE URANO, 117**
O mito de Urano, 118
Palavras-chave associadas ao arquétipo de Urano, 120
As síndromes de Urano, 121
Sugestões de cura para as síndromes de Urano, 137

**SÍNDROMES DE NETUNO, 143**
O mito de Poseidon, 145
Palavras-chave associadas ao arquétipo de Netuno, 146
As síndromes de Netuno, 150
Sugestões de cura para as síndromes de Netuno, 177

**SÍNDROMES DE PLUTÃO, 185**
O mito de Hades ou Plutão, o rico, 187
Palavras-chave associadas ao arquétipo de Plutão, 188
As síndromes de Plutão, 191
Sugestões de cura para as síndromes de Plutão, 219
Por que é que se tem Plutão no mapa astrológico?, 222

## PARTE III

**A CAMINHO DA CURA, 225**

Anexos, 231
Termos astrológicos técnicos citados, 233
Os chacras, 237
Outras referências bibliográficas, 243

# Prefácio

No dia 24 de agosto de 2006, a comunidade dos astrólogos foi surpreendida com a notícia de que a XXVI Assembléia Geral da International Astronomical Union (IAU), em seu congresso anual em Praga, havia estabelecido o "rebaixamento" astronômico de Plutão, que passaria a ser considerado um planeta anão. Essa desclassificação foi decidida em conformidade com uma série de novos critérios científicos relativos ao peso, à medida e à órbita dos demais planetas. Questionamentos, dúvidas, ceticismo e até revolta foram as reações mais evidentes; outros deram de ombros, mas não tão indiferentes assim.

O rebaixamento astronômico de Plutão foi polêmico entre os próprios cientistas-astrônomos. Em março de 2007, no estado norte-americano do Novo México, foi proposta uma lei que contesta a posição da IAU e determina que, ali, Plutão ainda deve ser considerado um planeta. Não satisfeitos, os astrônomos instituíram o dia 13 de março como o Dia de Plutão.

Um foco de luz e curiosidade se abriu sobre a validade dos postulados astrológicos, tanto por parte da grande mídia quanto de quem faz algum uso deles, seja para consultas periódicas, para livros ou para o autoconhecimento. Enfim, o que mudou para o astrólogo e para o seu ofício? Nada. Em termos astrológicos a questão é irrelevante, pois a "desclassificação" do planeta, por assim dizer, não o faz perder qualquer característica simbólica que lhe tenham atribuído. A astrologia não trabalha com relações de causa e efeito, com um critério científico e racionalista, e não considera o tamanho do corpo celeste relevante em sua eficácia simbólica.

A astrologia, em essência, é uma linguagem simbólica e, como tal, diz respeito ao que chamamos de arquétipos – princípios ou idéias estruturantes inatas ou herdadas na psique humana coletiva. Os símbolos planetários representam diferentes motivações, necessidades e impulsos da natureza humana. Plutão é o planeta sempre associado aos processos de desconstrução, regeneração e transformação da vida, para que haja nova consciência. Morte e vida lhe dizem respeito assim como o potencial criador e curativo do inconsciente.

Plutão – ou Hades, na mitologia greco-romana – era o senhor absoluto dos mundos subterrâneos e invisíveis. Ele não tinha altares para ser cultuado e tampouco poderia ser visto pelos mortais, pois usava um elmo que o tornava invisível. Seu nome quer dizer "riqueza", pois tem o poder de revelar tesouros e talentos ocultos que ficam disponíveis em momentos de dor e devastação da alma humana. Como dizia Nietzsche: "Aquilo que não me destrói me fortalece".

Este livro contém informações preciosas sobre a natureza transpessoal dos planetas que estão além da órbita de Saturno – bem definidos por Dane Rudhyar como os "embaixadores da galáxia", pois, ao nos colocarem em contato com dimensões mais vastas e profundas da psique, promovem nível mais alto de consciência. Urano, Netuno e Plutão são catalisadores de mudanças porque dissolvem padrões mentais e emocionais arraigados, que bloqueiam a visão e o desenvolvimento de um indivíduo.

É necessário dizer também que, por outro lado, Plutão e destino andam de mãos dadas e muitas vezes atadas. No plano psicológico, não é raro observarmos como seus trânsitos ou progressões podem desencadear a erupção de complexos ou síndromes em que a vontade individual, a escolha e, por fim, o arbítrio não têm nenhuma eficácia; há uma verdadeira humilhação ou rendição do ego que leva ou não a uma mudança.

James Hillman, analista junguiano, escreve a respeito de caráter e destino:

> Parte daquilo que quero dizer com "força do caráter" é a persistência das anomalias incorrigíveis, esses traços que não conseguimos consertar, não conseguimos esconder e não conseguimos aceitar. Resoluções, terapia, conversão, o arrependimento do coração na velhice – nada prevalece contra eles, nem mesmo a oração. Resta-nos entender que o caráter é realmente uma força que não pode sucumbir à força de vontade nem pode ser alcançada pela graça. A força de suas fraquezas zomba de todos os livros de virtudes, cujos esforços para esclarecer são velas acesas ao vento.

Gosto muito de admirar árvores, em especial as de grande porte. Vejo-as como um símbolo perfeito de força plutônica, unindo o céu e a terra, o alto e o baixo, a luz e a escuridão ctônica. Se nos sentássemos embaixo de uma dessas árvores-mães e pegássemos uma única semente por ela jogada ao chão, poderíamos indagar, numa breve reflexão:

*De onde vem a seiva que faz brotar e crescer esta bela árvore cuja generosidade nos dá proteção, sombra e memórias, além dos frutos e das flores que colorem a paisagem, e oferece moradia para inúmeros seres da natureza?*

*De onde vem a água das nascentes que jorra delicadamente para perpetuar a vida?*

*De onde vem a lava dos furiosos vulcões, vomitando e jorrando labaredas de fogo?*

*De onde vêm o petróleo e os outros incontáveis recursos energéticos igualmente invisíveis porque subterrâneos?*

*Como vamos nos reconciliar com a abundância de Gaia, cuja infinita paciência parece ter se esgotado porque estamos destruindo-a diária e impunemente? Continuaremos vivos?*

Com a palavra, vossa excelência Plutão.

Tereza Kawall, abril de 2007

# Apresentação

Em 1993, Valdenir Benedetti, amigo e colega de profissão, organizou um congresso de astrologia cujo tema era "Técnicas e estilos na interpretação de horóscopos" e convidou os nomes de maior destaque da astrologia brasileira da época para apresentar suas técnicas de interpretação. Nesse congresso, conheci Márcia Mattos.

Lá estava ela com seu jeito lúcido, inteligente, articulado, descrevendo seu modo de interpretar um mapa astrológico e revelando a melhor maneira de fazê-lo. Identifiquei-me de imediato com a profissional – e também com a pessoa. Dessa identificação nasceu uma amizade leal e fértil.

Como sua admiradora, fiz todos os cursos de especialização que ela já ofereceu em São Paulo e sempre acompanhei sua carreira com a humildade e o respeito de uma discípula, a honra e a confiança de uma amiga – e com muita alegria por nossa parceria, que tantas vezes já se mostrou fecunda.

Todos os seus trabalhos são brilhantes, fruto de uma intelecção sensível e perspicaz, de muito estudo, trabalho e disciplina, além da coragem de se autoquestionar e analisar continuamente – atitude, aliás, indispensável ao profissional de aconselhamento, que é responsável e tem consciência do papel que desempenha.

De todos os seus trabalhos, este, que trata das síndromes dos planetas transpessoais e de Saturno, foi sempre o que me chamou mais a atenção pela genialidade conceitual e psicológica. (Tenho especial atração pelo caráter psicológico da astrologia.)

Há alguns anos venho insistindo com Márcia para que edite e publique esse trabalho, pois seu ineditismo e, repito, genialidade poderiam ser, a qualquer momento, sincronicamente replicados. Até que me candidatei a fazê-lo: reuni todos os seus cursos apostilados sobre o tema, editei o texto e concebi um livro.

Além de muito ter me honrado seu consentimento, estimulou-me a acrescentar alguns trechos que, acredito, ajudam a compor a preciosidade tipológica e arquetípica deste trabalho.

Acrescentei as síndromes de Júpiter às já existentes síndromes de Plutão, Netuno, Urano e Saturno, por considerá-las tão marcantes quanto as outras; apesar de mais leves, ainda são determinantes de um arquétipo ou tipo psicológico.

Também sugeri o acréscimo dos mitos gregos, que, além de representativos da cultura ocidental, deram origem aos arquétipos que serão discutidos. Os caracteres arquetípicos (ou até mesmo compulsivos) sob análise são personificados nos deuses da mitologia helênica. E, como uma coisa puxa a outra, acrescentei uma parte conceitual sobre arquétipos, vistos pela ótica da psicologia junguiana, que "pensa" o ser humano como uma totalidade e "conversa" com qualquer área do saber humano que se utilize de linguagem simbólica, como é o caso da astrologia.

Com sua vasta experiência e acuidade intelectual, fruto de vinte anos de consultoria em astrologia e de alguns milhares de mapas elaborados, Márcia Mattos captou com muita singularidade a profunda influência que os planetas exteriores exercem na personalidade de um indivíduo quando ocupam um lugar de destaque em seu mapa astrológico. Tal destaque pode se dar pelo fato de o planeta encontrar-se num dos ângulos do mapa ou por estar envolvido com os luminares ou planetas pessoais, apenas para citar alguns exemplos.

Essa tendência e esse direcionamento da personalidade – que, na maioria dos casos, se apresentam de maneira compulsiva –,

Márcia Mattos chamou de síndrome ou perda de autonomia do sujeito ante a força arquetípica de determinado planeta e a função psíquica que ele representa, transformando seus portadores em *tipos psicológicos* e, portanto, astrológicos bem definidos.

Este livro é sobre padrões de comportamento e foi escrito para ser compreendido por todo tipo de leitor. Procurei manter a linguagem coloquial e espirituosa, tão típica das aulas de Márcia Mattos, e me esmerei para encontrar a maneira mais simples de transmitir a parte conceitual. Qualquer leigo em astrologia ou psicologia poderá compreender esta análise e, mais do que isso, identificar-se com ela e até mesmo procurar empreender seu processo de cura, caso seja portador de alguma síndrome.

Por último, mas não menos importante, quero pontuar a relevância desta obra no que se refere à compreensão dos planetas exteriores e da força que exercem tanto nos mapas astrológicos quanto na composição da personalidade dos indivíduos.

Gostaria ainda de lembrar aos estudantes de astrologia que este livro é condição *sine qua non* para uma boa formação profissional.

Ciça Bueno / junho de 2003

# PARTE I

# Introdução à astrologia

A astrologia figura entre os primeiros saberes que surgiram no mundo. Na época em que o homem era nômade, ele precisava se deslocar com sua tribo segundo alguma orientação, a qual era dada pelo céu e pelas estrelas. Com o tempo, ele notou que algumas delas não eram fixas, ou seja, "caminhavam" e descreviam no céu uma dança circular e cíclica que correspondia a eventos aqui na Terra. Foi assim que o homem descobriu os planetas do Sistema Solar.

Como saber ou conjunto de conhecimentos, a astrologia utiliza algumas leis ou princípios fundamentais e obedece a eles: a lei de sincronicidade, correspondência, interdependência ou ressonância, e a lei de analogia: "Assim acima como também abaixo" (1). A primeira enuncia que, ao longo do tempo, o homem observou eventos que ocorriam simultaneamente no céu e na Terra; esses eventos eram dotados de certas características que se repetiam ciclicamente, conforme os planetas envolvidos. A lei de analogia, por sua vez, convoca-nos a utilizar nossa capacidade de relacionar ou associar o conhecimento instintivo e intuitivo que possuímos para observar o céu e seus reflexos na Terra.

Todo mapa astrológico revela o céu no momento do nascimento de algo ou alguém – seja uma pessoa, uma empresa, uma instituição, um país. Esse algo ou alguém "escolhe" determinada hora e lugar para nascer porque aquele momento reúne as qualidades primitivas de que necessita para desenvolver seu projeto de vida. Sendo um microcosmo dentro do macrocosmo que é o Sistema Solar, todo indivíduo carrega as energias potenciais do momento em que nasceu e vai ressoá-las ao longo de sua vida, sincrônica e ciclicamente.

Conjugadas, essas duas leis fundamentais nos permitem "ler", por meio dos símbolos astrológicos e seus significados, a característica do tempo em que um referido indivíduo nasceu. Assim, esses símbolos e seus ciclos nos possibilitam descrever ou traduzir, potencialmente, como será o desenvolvimento do sujeito em questão com base nos ciclos planetários, ou melhor, nos ciclos da natureza descritos pela linguagem astrológica. A astrologia é, portanto, o estudo do paralelismo entre eventos no céu e na Terra, bem como sua correspondência no desenvolvimento da consciência humana.

## O que são planetas exteriores?

O objeto de estudo da astrologia é o Sistema Solar, composto de um centro emissor de energia, o Sol, e de elementos, ou melhor, planetas que giram ao redor dele. Esse modelo de funcionamento é universal e o encontramos tanto nas estruturas sociais, políticas e empresariais (como a família, as nações e as empresas) quanto nas estruturas biológicas, microcósmicas ou microscópicas (como os átomos e as células de nosso corpo), e também nas estruturas macrocósmicas (como o próprio Sistema Solar e as galáxias).

Cabe aqui traçarmos um paralelo ou uma analogia entre a organização do Sistema Solar e a da alma ou psique humana. Ambas apresentam o mesmo modelo de funcionamento: um centro emissor de energia psíquica, representado no mapa astrológico pelo astro-rei Sol, ao qual também podemos chamar de vida, espírito ou centelha divina, e os outros aspectos da personalidade (os planetas), que orbitam em torno dessa energia central e desempenham, cada um, uma função ou capacidade psíquica determinada, auxiliando o Sol ou a vida a se manifestar.

A Terra é o terceiro planeta a girar em torno do Sol de dentro para fora do Sistema Solar. Mercúrio e Vênus estão entre ela e o grande astro. Depois da Terra, porém ainda bastante próximo, está Marte. Os cinco planetas denominados "interiores" são: o Sol, Mercúrio, Vênus, Marte e a Lua, que, apesar de ser o satélite da Terra, é tão importante para nós quanto o Sol. Isso pode ser comprovado a cada Lua cheia, em que os discos luminosos dele e os dela possuem praticamente o mesmo tamanho, remetendo-nos romanticamente à dança de energia e sedução que descrevem no céu todos os meses, inaugurada a cada Lua nova.

Sol, Lua, Mercúrio, Vênus e Marte são denominados "planetas interiores" porque regem os aspectos da personalidade que são de caráter individual, essencial e pessoal. Por se relacionarem de modo tão particular e singular no mapa astrológico e na psique de cada indivíduo, também são chamados de "planetas pessoais".

Tudo isso foi exposto para esclarecer que os chamados "planetas exteriores" são os que estão bem além da órbita de Marte, ou seja, Júpiter, Saturno, Urano, Netuno e Plutão. Eles regem aspectos psíquicos que visam ao desenvolvimento do indivíduo sob o ponto de vista externo (social e coletivo), à sua integração na comunidade e na sociedade das quais faz parte, ou, indo mais além, à integração do indivíduo à humanidade (Figura 1).

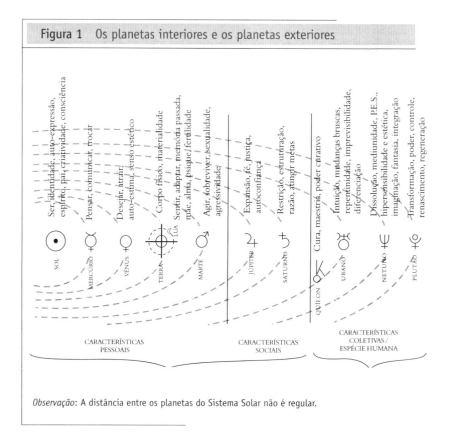

**Figura 1** Os planetas interiores e os planetas exteriores

*Observação*: A distância entre os planetas do Sistema Solar não é regular.

É dos planetas exteriores que trata este livro. As capacidades psíquicas que representam e seus desdobramentos no desenvolvimento da psique humana serão aqui profundamente abordados.

## O mapa astrológico revela as várias dimensões da vida

O mapa astrológico é um gráfico que reproduz o céu no momento do nascimento de algo ou alguém projetado sobre o planeta Terra para o local de nascimento desse indivíduo. Esse gráfico é uma mandala dividida em doze partes, que correspondem, no céu, aos signos e, na Terra, às doze "casas" ou áreas da vida e da personalidade. O conceito de mandala, como toda idéia de círculo, supõe algo pleno, completo, total, em que todas as partes constitutivas contribuem individualmente para o conjunto (2). Tal mandala é interceptada por dois eixos perpendiculares que determinam o início dos setores mais importantes do mapa e da vida: as casas I, VII, IV e X, que coincidem com os pontos cardeais leste, oeste, sul e norte, respectivamente. Os eixos que orientam o indivíduo são chamados, na astrologia, de ângulos do mapa (Figura 2).

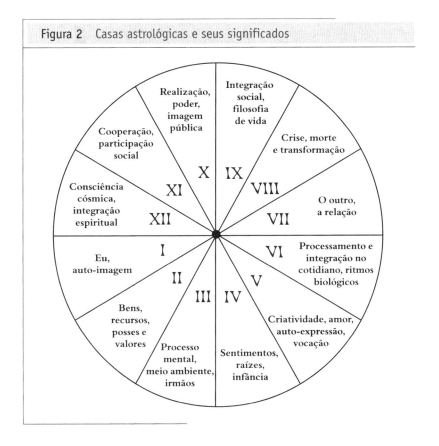

Figura 2 Casas astrológicas e seus significados

Entre os diversos planetas e pontos do mapa astrológico, há três de maior relevância para o desenvolvimento da personalidade, uma vez que se destacam dos demais quando observados aqui da Terra: o Sol e a Lua (ou os luminares) e o ascendente (ou ponto leste), que, por indicar onde começa o dia e onde começa a noite, é, por analogia, onde começam o mapa e a vida do indivíduo.

Por meio da análise desses três pontos, podemos traçar o percurso simbólico de desenvolvimento de determinada personalidade, considerando cada um deles como o "dominante" ou "regente" de uma das fases da vida, tanto astrológica quanto psicológica.

Vamos apreciá-los melhor?

## O Sol

Quando perguntamos qual é o signo de alguém, estamos nos referindo ao signo solar – o signo em que o Sol se encontrava no momento do nascimento da pessoa. Como já dissemos, no mapa astrológico, assim como no céu, o Sol é o centro emissor de energia e uma inesgotável fonte de vida. Ele representa o "ser" como um todo único e individual, que emana luz, calor e vigor físico, e possui uma natureza essencial, uma identidade própria ou uma maneira de ser – e de vir a ser – como é. O Sol rege a capacidade de o indivíduo *tornar-se si mesmo cada vez mais*, emanar sua natureza cada dia mais e atingir sua independência, sua autonomia e plenitude de expressão ao longo da vida.

Portanto, o Sol é a função psíquica da consciência ou do "eu" e rege o aspecto da personalidade que só poderá se desenvolver plenamente (se é que alguém já o tenha conseguido) quando o indivíduo houver atingido autonomia física, material, emocional, intelectual, social e espiritual.

O que na verdade ocorre é que o ser humano não nasce "pronto" para a vida. Ao contrário, ele passa uma grande fase de sua existência, especialmente a infância e a adolescência, recebendo, absorvendo, captando e percebendo o mundo à sua volta, ao mesmo tempo em que tenta se adaptar a ele.

Durante todo esse período, é necessária a atuação de outros seres humanos, de outras consciências que o iluminem e cuidem dele até que atinja a própria independência e autonomia. Essa função psíquica de cuidado e proteção é representada pela Lua, que no céu não tem luz própria, apenas reflete a luz do Sol.

## A Lua

Na mandala astrológica, a Lua representa a busca do indivíduo por segurança física e psíquica, revelando suas necessidades para que se sinta protegido, seguro e confortável emocionalmente, além de mostrar como ele se adapta em qualquer situação. A Lua ainda nos conta como o indivíduo foi moldado pelos hábitos, valores e padrões de sua família e cultura, e como esses padrões o influenciam, regulando suas reações emocionais e suas flutuações de humor e de estado de espírito.

Conforme descrevemos, a Lua depende da luz do Sol para ser iluminada e percebida no céu, assim como os bebês, as crianças e os adolescentes dependem de "outra luz", de outra vida ou consciência, para sobreviver. Esse papel é comumente representado pelos pais, que, quando ausentes, serão substituídos por alguém capaz de garantir a sobrevivência desses bebês, crianças e adolescentes. Portanto, durante as fases de infância e adolescência, é a Lua que rege a personalidade em desenvolvimento. E ela nunca deixará de exercer uma forte influência na personalidade, uma vez que rege os sentimentos e as reações emocionais do indivíduo, além dos hábitos, padrões de comportamento e cultura nos quais ele foi criado, instruído e educado.

Aos poucos, o Sol ou a consciência vai se expressando, e o indivíduo passa a impor sua vontade, a fazer as próprias escolhas e a experimentar sua individualidade num vagaroso exercício de se autoconhecer, tornar-se independente e, portanto, se auto-expressar cada vez mais. Mas a plenitude solar é algo que, na melhor das hipóteses, não pode ser atingida antes dos 30 anos.

No mapa astrológico, a Lua e o Sol geralmente não estão isolados, mas sim conectados com outros planetas ou funções psíquicas, por linhas que aparecem desenhadas no centro do mapa. Esses planetas aos quais se ligam compõem, juntamente com eles, a função psíquica que simbolizam: no caso do Sol, a função da consciência; e, no caso da Lua, a função dos sentimentos, percepção de entorno e de pertencimento (Figura 3).

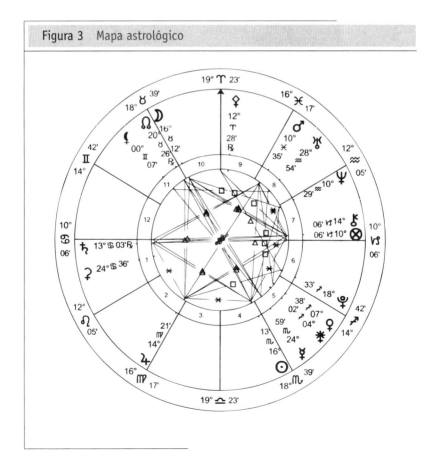

Figura 3    Mapa astrológico

## Pólo positivo + Pólo negativo = Luz

A Lua e os planetas a ela ligados formam o que chamamos em psicologia de "complexo feminino ou materno", que representa o desenvolvimento de uma estrutura emocional interna construída com base nas condições e vivências que o indivíduo atraiu para si do mundo externo (e nele ficam impressas para o resto da vida).

Já o Sol e os planetas a ele conectados formam o que chamamos de "complexo masculino ou paterno". Uma vez construída a base emocional ou o fundamento da personalidade, a Lua deve proporcionar a estrutura ou a segurança para que o indivíduo se expresse e se torne cada vez mais "si mesmo", independente, responsável, autor e senhor de si.

Cabe esclarecer que no começo da vida a energia é feminina, ou seja, passiva e receptiva, porque é absorvida de fora para dentro. Com o passar do tempo, ela vai se manifestando de dentro para fora, de forma masculina, ou melhor, ativa e expressiva.

Portanto, para tornar-se um indivíduo é preciso juntar a Lua com o Sol, é preciso conjugá-los, ou melhor, casá-los. Desse encontro, dessa soma de pólos positivo e negativo, nasce um "ser", um indivíduo com luz própria. Ou ainda, numa linguagem mais poética, a alma Lua sempre deseja se unir ao espírito Sol, para poder existir eternamente.

## O ascendente

Ascendente é o terceiro ponto de maior relevância no mapa astrológico, representando a imagem que o indivíduo tem de si mesmo e o modo como se diferencia dos outros no mundo (auto-imagem). O signo ascendente descreve a maneira como ele se vê, como se individualiza, como encara a vida, como começa qualquer atividade, como se projeta no mundo, como se mostra às outras pessoas, como os outros o vêem e a impressão que lhes causa. O ascendente é a melhor maneira que a personalidade encontrou de relacionar o mundo interno com o externo. É ele quem faz a *interface* do "eu" com o mundo, com a sociedade e vice-versa.

O ascendente é ainda o canal de entrada e de saída da personalidade. Por isso mesmo, descreve o nascimento do indivíduo, mas só estará realmente ativo quando ele tiver um corpo físico razoavelmente formado, para que a energia, ou a vida, flua nas direções de entrada e de saída. Mais tarde, na idade adulta, quando o indivíduo está mais consciente de si, essa maneira de se mostrar ao mundo tende a fluir de forma mais clara e definida. É por isso que *se costuma comentar que a pessoa vai se tornando o seu ascendente*. Na verdade, ela se torna cada vez mais si mesma, o que significa conjugar Lua, Sol e ascendente, ou sentimento, consciência e auto-imagem. Ou, ainda, integrar alma, espírito e corpo.

Podemos afirmar que uma vida humana é, desde o princípio, um acúmulo de experiências que se dá por meio dos diversos papéis sociais que o indivíduo vai aprendendo a desempenhar para se autoconhecer. No início da vida se aprende a ser filho, depois irmão, colega de escola, de rua, de turma, de bairro. Com o tempo, aprende-se a fazer amigos e finalmente, na adolescência, a namorar, se relacionar com o sexo oposto e fazer trocas afetivas.

Um pouco mais tarde, o indivíduo terá de escolher uma profissão, fazer estágios, aprender a trabalhar e a conviver num ambiente de trabalho, até que esteja pronto para assumir tal profissão, e se sinta produtivo e participante de uma comunidade.

Paralelamente, essa é a fase de definir o parceiro para o acasalamento e de aguardar, com o tempo, que a vida lhe solicite mais um papel: o de ser mãe ou pai.

Muitos de nós param por aí. Muitos até não chegam aí. Mas há ainda outras dimensões a serem vividas, se o indivíduo quiser realmente provar de tudo que a vida tem para oferecer. É preciso viver outras instâncias – social, coletiva e espiritual – para que a verdadeira natureza de ser e de existir como autoridade – ser autor de si – possa aflorar, e o indivíduo compreenda o sentido e o significado da sua existência.

Essas instâncias são regidas justamente pelos planetas que chamamos de exteriores (Figura 1), objeto deste estudo.

## Vamos examinar os planetas exteriores mais de perto?

Antes, porém, cabe esclarecer que os diversos papéis sociais que o indivíduo aprende a desempenhar não necessariamente lhe conferem consciência e auto-expressão. A consciência só se desenvolve no exercício das relações sociais e de suas respostas.

Vale informar que consciência significa "saber com ou ver com um outro" (3). Portanto, a experiência da consciência é formada por saber e compartilhar, que implica um contexto dual ou polarizado: o eu e o outro, o interno e o externo.

Ocorre, porém, que, no atrito entre o mundo interno e o externo, o indivíduo poderá se sentir fraco ou se imaginar vulnerável perante a estruturada, opressora e, por vezes, castradora rede, representada pela sociedade/cultura.

Conhecer e aprofundar as funções psíquicas ou os aspectos da personalidade por meio da astrologia pode ser uma chave para que o indivíduo realize o autodescobrimento, a apropriação de si mesmo e o resgate da vontade e da coragem de enfrentar essa rede para se tornar uno, único, diferenciado do todo, autoconsciente de seus desejos, talentos, capacidades, limites e desafios, bem como para encontrar o real significado de sua existência.

## Referências bibliográficas

(1) TRIMEGISTOS, Hermes. *Corpus Hermeticum*: Discurso de iniciação: *a Tábua de Esmeralda apud* BRANDÃO, Junito de Souza. *Mitologia Grega.* v. II. Petrópolis: Vozes, 1986, p. 197.

(2) MATTOS, Márcia. *O livro das atitudes astrologicamente corretas.* São Paulo: Campus, 2001, p. 14.

(3) EDINGER, Edward. *The creation of consciousness: Jung's myth for modern man.* Toronto: 5 Inner City Books, 1984, p. 36.

# As categorias de planetas: pessoais, sociais e transpessoais

Do ponto de vista astrológico, há três categorias de planetas:
- Os pessoais: Sol, Lua, Mercúrio, Vênus e Marte.
- Os sociais: Júpiter e Saturno.
- Os coletivos ou transpessoais: Urano, Netuno e Plutão.

Como já vimos, os planetas pessoais simbolizam e descrevem as funções psíquicas essenciais ou intrínsecas à personalidade: a capacidade de ser e de se auto-expressar (Sol), a capacidade de sentir e de se adaptar emocionalmente ao mundo (Lua), a capacidade de desejar e de atrair para si seus objetos de desejo (Vênus), a capacidade de agir e de lutar para defender seus territórios, idéias, crenças e ideais (Marte), a capacidade de pensar, processar, associar, articular, conectar e se comunicar no mundo (Mercúrio).

Esses planetas podem ou não estar envolvidos com os planetas sociais e transpessoais – que são o coração desta nossa análise. Este livro visa a tratar de Júpiter, Saturno, Urano, Netuno e Plutão quando estão em posição de destaque no mapa astrológico de nascimento, passando assim a representar uma determinante da personalidade, já que são aspectos da alma ou funções da psique utilizados no desenvolvimento e na adaptação do indivíduo à sociedade. Porém, essas funções da psique nem sempre são conscientes.

Quando qualquer um desses planetas está envolvido com um planeta pessoal ou posicionado num ângulo do mapa, pode vir a gerar um comportamento compulsivo na personalidade, causando o que chamaremos daqui em diante de "síndrome".

Para prosseguirmos na análise, vamos primeiramente conhecê-los melhor?

## Os planetas sociais

Júpiter e Saturno são os planetas chamados sociais porque regem leis que propiciam maior ou menor adaptação do indivíduo à sociedade. Tanto um quanto o outro oferecem desenvolvimento social, mas cada um à sua maneira, e é preciso analisá-los em conjunto no mapa astrológico natal, para aferir o grau de adaptação, desenvolvimento e auto-reconhecimento que o indivíduo poderá atingir dentro da sociedade da qual faz parte.

Júpiter é considerado o planeta da fé, da autoconfiança, da sorte e da prosperidade. Rege a capacidade que o indivíduo tem de se expandir em todos os sentidos, seja físico, intelectual, afetivo, psicológico, espiritual, social ou profissional. Mas é preciso que essa expansão ou crescimento seja co-pilotada por Saturno, que controla as regras culturais, ou melhor, os limites dentro dos quais Júpiter atuará, sem o que haveria uma expansão desordenada e sem objetivos, mais semelhante a uma inflação, já que a filosofia de Júpiter é a de quanto mais, melhor.

Saturno, por sua vez, é o estruturador por excelência e revela o valor construtivo e evolutivo das ações. Ele questiona a consistência de atitudes, objetivos e propostas individuais, visando sempre à qualidade do desenvolvimento, ingrediente fundamental para que se dê a tão almejada e perseguida estabilidade social.

Sexto planeta girando ao redor do Sol, Saturno é o último que podemos ver a olho nu. Por isso mesmo representa o limite visível do Sistema Solar ou o princípio de realidade, simbolizado pelo *status quo* e traduzido pelas instituições, regras e leis sociais em vigência na cultura, implementadas e controladas pelas autoridades e pelos poderes estabelecidos.

Saturno representa o princípio da forma, da estrutura e da limitação, que conduz a experiência humana individual a uma integração social mais definida, mais concreta e reconhecível. O planeta age de maneira lenta, consistente, objetiva e pragmática, selecionando, estruturando, concretizando e estabilizando as oportunidades abertas por Júpiter.

## Os planetas transpessoais

Os planetas transpessoais ou coletivos funcionam como símbolos geracionais. Uma vez que têm órbitas ou ciclos bem maiores que os dos outros, caminham lentamente pelo zodíaco, originando tendências coletivas que serão vivenciadas por toda uma geração de indivíduos. Por isso, as funções psíquicas que regem não são percebidas pela consciência enquanto não se atinge certa maturidade.

Urano rege a intuição ou a faculdade superior da mente de captar e obter informações "antes do tempo", ou mesmo de trazê-las do futuro para o presente. Essa percepção funciona por espasmo, como uma descarga elétrica e de forma descontínua. Por reger o sistema nervoso autônomo, Urano funciona numa freqüência mental muito acelerada e se manifesta repentinamente, gerando bruscas alterações e mudanças em nossa vida e em nosso comportamento, corrigindo assim a rota da consciência em busca de maior autenticidade, liberdade e diferenciação do indivíduo ante a comunidade.

> Urano é um revelador de mundos novos, mais elevados e evoluídos, ou de verdades mais completas. Ele é o inspirador, a força que tenta eternamente transformar os sistemas, crenças e métodos autocráticos e conservadores de Saturno em valores mais inovadores, às vezes rebeldes e até revolucionários, que se revelam contra os privilégios e a dominação dos padrões de comportamento cristalizados de Saturno ou da sociedade. [...] Urano é o símbolo de tudo o que rompe os padrões normais de ação e reação, de pensamento e sentimento. É a força que nos obriga a compreender que as condições do mundo mudam e que as necessidades humanas precisam ser revistas, renovadas e transformadas, porque há muito mais em jogo do que apenas o "eu" pessoal. (1)

Netuno rege a percepção extra-sensorial (P.E.S.), a hipersensibilidade ou ainda a faculdade superior da alma, e atua por atratividade, magnetismo e de forma muito sutil. Netuno propicia ao indivíduo conexão com seus sentimentos mais profundos e o desperta para valores mais espirituais, como buscar o verdadeiro sentido e significado da vida.

> Netuno simboliza uma pressão psíquica para incluir uma maior variedade de fatores e universalizar o ponto de vista particular, limitado e pessoal. [...] Este planeta rege o princípio da espiritualidade, do misticismo e da transcendência, além de um fascínio da alma por tudo que é amplo, universal, abrangente, miste-

rioso, inacessível, múltiplo, cósmico e intangível. Netuno desfoca para lentamente dissolver muralhas rígidas e separatistas, repudiando qualquer fronteira, separação, discriminação, casta ou classe. Ele é o grande sonhador, o romântico, o fantasioso que se sensibiliza com a miséria humana, com os marginalizados pela sociedade e pela vida, com o aprisionamento da alma no corpo, defendendo os domínios eternos da inspiração, do amor universal e incondicional, que quer incluir tudo e todos num denominador comum.

Netuno e Urano se complementam. Juntos, mostram como a personalidade, condicionada por Saturno e influenciada pelo seu ambiente social e geográfico, pode se tornar um indivíduo capaz de organizar sua vida, integrando-se à realidade universal. [...] Urano representa a porção mais genuína, inconvencional e única que cada indivíduo tem; Netuno refere-se ao quinhão pessoal que este indivíduo terá de realizar na sociedade da qual faz parte, visando se sentir integrado e inserido no contexto universal.

Netuno substancia o que Urano visualiza. Nenhum deles é bom ou mau, benéfico ou maléfico. Eles simplesmente sinalizam ou revelam como o desafio se ordena para que o indivíduo cresça em abrangência e em harmonia com o todo.

No nível Júpiter/Saturno, a pessoa é desafiada a se tornar um indivíduo maior e melhor. No nível Urano/Netuno, ela é desafiada a se tornar maior do que um indivíduo. [...] Os desejos do "eu" tornam-se secundários e a consciência encontra significado em valores que envolvam uma realidade maior (1),

compreendendo que deve caminhar na direção de "trabalhar" para todos e não apenas para si mesma.

Plutão, por sua vez, é o último planeta do Sistema Solar e percorre uma região do céu que a luz do Sol não alcança. Por isso, analogicamente, rege o inconsciente ou aquela parte da nossa psique que desconhecemos e que representa cerca de 90% dela. Ocorre, porém, que Plutão, de onde está, tem uma visão total do

Sistema Solar sendo por isso chamado de o planeta do poder e do controle uma vez que ele tudo sabe e tudo vê, não só sobre cada um de nós, mas também sobre toda a história da humanidade; nós é que não sabemos da sua existência. Plutão conhece o passado, o presente e o futuro de todos os indivíduos e da humanidade. Ele tem olhos de águia, enxerga a alma dos indivíduos e atua entre os limites da consciência individual e coletiva.

Plutão representa a mentalidade coletiva de toda uma geração, surgida durante a sua passagem por determinado signo. Faz emergir do inconsciente os aspectos mais sombrios de tal signo, ocultos na mente coletiva, dando um colorido específico a todas as atividades sociais, políticas, artísticas, culturais, científicas, econômicas e comportamentais daquela geração e de sua época. Oferece, pois, uma maneira particular e prática de abordar os problemas universais da existência humana naquele período, fazendo a humanidade se defrontar sempre com os tais aspectos ocultos de suas atuações e com suas devidas conseqüências e evoluções. (1)

Num mapa individual, Plutão representa todos os recursos de que o indivíduo dispõe para viver, mas estão adormecidos na camada mais profunda de sua alma. A matéria-prima desses recursos é instintiva e emocional, podendo manifestar-se a qualquer momento, por meio de desejos inconscientes, que visam a se expressar sem domínio algum por parte do indivíduo. Plutão simboliza a pressão da mente coletiva sobre ele e aponta como deve se expressar de modo pessoal dentro da coletividade.

Enquanto a pessoa estiver identificada com a mente coletiva, Plutão ainda não estará operando de forma individualizada em sua vida. Ele só começará a "trabalhar" significativamente quando este indivíduo encontrar uma solução individual para a pressão que o coletivo exerce sobre ele, provando e comprovando sua potência de "morrer" e "renascer" após a crise que o atrito da mente coletiva provoca no seu "eu" e na sua psique. (1)

Plutão rege a potência psíquica de cada ser.

## Os planetas transpessoais como determinantes de síndromes

O intuito deste livro é demonstrar que os planetas sociais e transpessoais, ou seja, Júpiter, Saturno, Urano, Netuno e Plutão, são simbolicamente tão fortes que, quando tocam os planetas pessoais ou pontos importantes do mapa, promovem marcas profundas na vida, na mente e na alma do indivíduo em questão, resultado do atrito entre ele e o coletivo, que o pressiona para que cresça, amadureça e compreenda sua posição como cidadão de uma sociedade, de um mundo, de um sistema planetário, de uma galáxia, de um Cosmo. Se o indivíduo resistir e seguir sendo apenas uma pessoa "comum" e indiferenciada, então a presença de qualquer um desses planetas tornar-se-á mais potente e determinante, podendo exercer um efeito devastador na psique individual, algo contra o que é preciso lutar para que o equilíbrio e a harmonia psíquica sejam restabelecidos. Porém, essa harmonia jamais será a mesma. A essa desarmonia ou desequilíbrio, estamos dando o nome de síndrome, como veremos a seguir.

## Referências bibliográficas

(1) RUPERTI, Alexander. *Ciclos de evolução – Modelos planetários de desenvolvimento*. São Paulo: Pensamento, 1978.

# O que é uma síndrome?

Síndrome é um conjunto de reações automáticas, compulsivas e inconscientes presente num indivíduo, que é estimulado por um agente ou circunstância externa, à qual ele responde sempre de maneira reativa e sem modulação, não importando a intensidade do estímulo.

Diante de um estímulo, que toque um sentimento, dor ou trauma existente *a priori*, a reação do indivíduo será intensa, não diferenciada em função do objeto e não individualizada. Isso porque aquele conjunto de reações automáticas torna o indivíduo pertencente a um "tipo", ou "tipo psicológico", em nosso caso astrológico, deixando de ser apenas um "indivíduo". Ou seja, todos os indivíduos portadores de determinada síndrome reagem da mesma maneira, como se fossem um "tipo", um "personagem", um "arquétipo" e não um indivíduo. Portanto, a consciência deixa de ter domínio sobre si mesma.

Síndrome é um termo advindo da medicina e significa um "conjunto de sintomas ligados a uma entidade mórbida e que constituem o quadro geral de uma doença" (*Dicionário Aurélio*). Posteriormente foi incorporado pela psicologia e hoje faz parte da linguagem corrente. Um de seus maiores exemplos vem proliferando a olhos vistos: a síndrome do pânico, que comentaremos adiante.

Estamos utilizando o termo "síndrome" para descrever um conjunto de sintomas que se traduzem por atuações comportamentais reativas e compulsivas ou reações automáticas diante de alguns estímulos, que são instintivamente identificados.

Outra forte característica das síndromes que aqui abordaremos é o fato de serem inconscientes. O indivíduo portador da síndrome desconhece o fato de possuí-la, pois, quando ela se tornar consciente, significará que seu processo de cura já está em andamento.

A síndrome é, portanto, reativa, automática, impulsiva e compulsiva. Não é modulável pela consciência, não é diferenciada em relação ao estímulo e não é individualizada. É sempre igual para todos os indivíduos que pertencem àquele "tipo astrológico".

Suas características são:
- Ser um conjunto de respostas autônomas e automáticas.
- Ser inconsciente.
- Ser sempre exagerada ou desproporcional em relação ao estímulo recebido.
- Acarretar um conjunto de comportamentos que se apresentam sempre da mesma maneira.
- Ser baseada em experiências anteriores, portanto em experiências do passado, da infância ou da adolescência.
- Ser compulsiva, ou seja, tender a se repetir sempre da mesma maneira e sem nenhum domínio por parte do indivíduo.

## Como se desenvolve uma síndrome?

Quando o indivíduo tem a forte presença de um planeta exterior em seu mapa astrológico, adquire traços marcantes e compactados, baseados nas características do planeta, e neurotiza, exacerba ou desarmoniza essas características.

Muitas vezes, o indivíduo vivenciou, na tenra idade ou na adolescência, episódios típicos daquela natureza planetária, que lhe deixaram profundas marcas inconscientes. Cada vez que essas marcas são "tocadas" por algum estímulo externo, o indivíduo reage também inconscientemente, numa espécie de defesa ao "ataque recebido", buscando reequilibrar-se psiquicamente.

Outras vezes, basta um trânsito planetário(1) ou uma sinastria(2) para que ele "adquira" uma síndrome. Nesse caso, estamos falando de uma "constelação" ou de uma "emersão" de aspectos psíquicos inconscientes, como se registra na psicologia analítica.

Por sinastria, pode acontecer de alguém "colocar", por exemplo, o "seu Marte" em aspecto(3) desarmônico com o Plutão do mapa do outro. De repente o outro se percebe fazendo coisas ou tendo reações que nunca lhe ocorreram antes, como querer ganhar todas as "batalhas" do casal, defender seus territórios contra tudo e contra todos, reagir automática e agressivamente diante de qualquer situação que envolva o parceiro etc. É o "Marte de um acionando o Plutão do outro" ou a agressividade de um ativando o inconsciente do outro.

## Como detectar uma síndrome?

Uma síndrome pode ser detectada por meio da observação do mapa astrológico, em que qualquer um dos planetas exteriores ocupe alguma das posições abaixo:
▸ Ter Júpiter, Saturno, Urano, Netuno ou Plutão num dos ângulos do gráfico, os pontos mais magnéticos do mapa, pois é por meio deles que a energia solar entra no planeta Terra. Ou seja, ter um desses planetas no ascendente, meio

do céu, fundo do céu ou descendente(4), ou ainda nas casas I, X, IV ou VII, nessa ordem de importância.
- Ter qualquer um desses planetas em aspecto tenso com Sol, Lua ou ascendente, pois eles regem funções psíquicas essenciais daquela personalidade.
- Ter um desses planetas em aspecto tenso com Mercúrio, Vênus e/ou Marte, pois eles regem funções psíquicas próprias daquela personalidade (aspectos tensos ou desarmônicos devem ser próximos no máximo de 5 graus, com orbe(5) estreita o suficiente para que o aspecto tenha a força geradora de uma síndrome).
- Ter stellium(6) ou luminares em qualquer signo regido por um desses planetas, por apresentarem uma concentração, ou melhor, uma exacerbação de determinada energia psíquica. Ou seja, nos signos de Sagitário, Capricórnio, Aquário, Peixes ou Escorpião, regidos por Júpiter, Saturno, Urano, Netuno e Plutão, respectivamente.
- Ter o ascendente em um desses signos.
- Ter um desses planetas envolvido com os Nodos Lunares(7), principalmente com o Nodo Sul, pelo fato de os Nodos já representarem aspectos compulsivos da personalidade e todo planeta em aspecto com um dos Nodos ter seu efeito amplificado. O Nodo funciona como um amplificador*.

---

* Estar em conjunção com o Nodo Norte mostra uma forte indicação de identidade, por ser ele um ponto atraente ou magnético do mapa. É como se a identidade estivesse mesclada, atravessada, misturada com aquela posição planetária. O Nodo Norte é um indicador de processo de identidade: "do caminho por onde eu devo seguir ou ainda, caso eu siga por ali, vou encontrar meu caminho de vida, próprio e positivo". O Nodo Norte é um farol para a identidade, e qualquer planeta em conjunção com ele é muito importante.
Estar em conjunção com o Nodo Sul indica, muito provavelmente, que este planeta ou função psíquica tenderá a funcionar de maneira desarmônica e, portanto, gerará uma síndrome, pois no Nodo Sul a identidade já possui as características ali presentes, sejam de signo, casa ou planeta, de maneira automática, compulsiva e repetitiva, muito próximas do que aqui está se chamando de síndrome.

▸ Ter um desses planetas na casa V, porque essa é uma área da vida em que se busca desenvolver a identidade ou auto-expressão, e o que ali estiver é externalizado sempre.

▸ Ter um desses planetas nas casas VIII ou XII, porque são, juntamente com a casa IV, os setores mais inconscientes do mapa. Qualquer elemento ali pode se apresentar de maneira compulsiva e/ou inconsciente (Figura 2).

## Observações importantes

▸ Nem todos os indivíduos que têm planetas exteriores ocupando lugar de destaque no mapa astrológico desenvolvem, necessariamente, uma síndrome. Uma das maneiras de saber se a pessoa desenvolveu ou não uma síndrome é observar a forma como aparecem os sintomas, que discutiremos adiante.

▸ Um mesmo planeta pode gerar várias síndromes. E uma síndrome pode estar acoplada à outra, o que significa que, em vez de eliminar uma, muitas vezes o processo de cura propicia eliminar três ou quatro síndromes de uma vez.

▸ Um mesmo indivíduo pode desenvolver "tipos astrológicos" diferentes caso seu mapa apresente mais de um planeta exterior em posição de destaque.

### Referências bibliográficas

(1) Ver "Termos astrológicos técnicos citados".
(2) Idem.
(3) Idem.
(4) Idem.
(5) Idem.

# PARTE II

# Inconsciente coletivo, instintos, arquétipos e complexos

O que estamos chamando de síndromes na astrologia são os denominados complexos autônomos na psicologia analítica do pensador Carl Gustav Jung. Para compreendê-los, vamos visitar os conceitos de inconsciente coletivo, instintos, arquétipos e complexos e descrevê-los à luz da teoria psicológica de Jung.

## Inconsciente coletivo

O termo inconsciente coletivo surgiu pela primeira vez em 1846, na obra *Psyche*, do médico alemão Carl Gustav Carus, muito citada por Jung. [...] Carus descreve a psique como um rio majestoso (o inconsciente), continuamente em movimento, iluminado apenas numa pequena área pela luz do Sol (a consciência). Não só a consciência emerge do inconsciente, como o inconsciente é a fonte que a alimenta e enriquece continuamente. Para Carus, vida e alma têm tal afinidade que a própria vida é o sujeito da psicologia – a vida é onde a alma age e se revela. Por não diferenciar vida e alma, o homem, como ser psicológico, conecta-se com a vida como um todo por meio do inconsciente. No inconsciente, os fios que ligam o indivíduo com o todo permanecem sem fissuras: daí conclui-se que devemos nos dar conta de que a vida inconsciente é afetada por toda a humanidade, pela vida terrestre e pelo Universo, por ser definitivamente parte integrante dessa totalidade. (1)

Jung também atribui ao inconsciente o papel primordial de ser mãe, fonte da consciência e de todas as possibilidades. Como tal, "o inconsciente é o bem e o mal ou nem o bem, nem o mal"(1). Ele é, sim, a totalidade do Universo presente em cada indivíduo.

## Instintos e arquétipos

Jung considera o inconsciente coletivo como a soma dos instintos e suas formas de expressão correspondentes, os arquétipos. Para Jung, há cinco grandes grupos de instintos: fome, sexualidade, atividade, criatividade e reflexão. Os instintos são impessoais e universais, fatores hereditários da espécie humana e agentes da expressão do caráter. Exprimem as necessidades compulsivas do indivíduo e dificilmente alcançam a consciência. Quando em atividade, um instinto cutuca e perturba o outro, gerando muitas vezes uma desarmonia ou um conflito, resultado da luta entre eles.

Os arquétipos estão sempre associados aos instintos e fazem o papel de seu complemento. O arquétipo simboliza o instinto porque é o instinto traduzido em imagem. Nas imagens criadas por nosso inconsciente, ou melhor, nos arquétipos, a característica psíquica do referido conflito entre os instintos se expressa. "Imagem e significação são noções idênticas, e, à medida que a primeira assume contornos definidos, a outra também se explicita."(1)

Jung defende a hereditariedade do inconsciente coletivo, ou seja, pensa nos instintos e arquétipos (ou a estrutura psíquica) como herdados e não como adquiridos. Jung justifica que a estrutura psíquica e seus elementos não se originaram em determinado momento da existência do indivíduo, mas são precondição disponível a todo e qualquer indivíduo. Por isso, considera a estrutura psíquica como mãe, de onde toda experiência brota. Instinto e arquétipo são, portanto, dois lados da mesma moeda: o instinto, de um lado, é um impulso que visa a se expressar por meio de alguma ação; e o arquétipo, de outro lado, é a imagem ou correspondência imagética inconsciente de tal ação. A dança entre eles permite ao indivíduo vivenciar situações sempre novas, imprevisíveis e criadoras, fazendo da vida um eterno devir, sem prévia consciência.

Jung descreve o inconsciente coletivo como um depósito das experiências ancestrais da humanidade, que sofre um acréscimo de variações e diferenciações incalculáveis a cada século. Por conter os processos terrenos encravados no cérebro e no sistema nervoso simpático, o inconsciente coletivo como totalidade é uma espécie de imagem eterna e atemporal que contrabalança a nossa imagem do mundo consciente e momentânea. Em astrologia, esse campo inconsciente da experiência é representado pelos planetas transpessoais em conjunto.

## Arquétipos e complexos

Segundo Jung, a alma (psique) é múltipla, constituída de partes que, embora estejam ligadas entre si, são relativamente independentes. Essa independência pode chegar a tal ponto que algumas dessas partes da alma jamais aparecem associadas ao "eu" ou a ele se associam apenas raramente. Essas partes da alma é que o autor denominou "complexos autônomos". Arquétipos e complexos constituem, por sua vez, um novo par complementar na teoria junguiana, estreitamente interligado. Cada complexo se estrutura de vários retalhos arquetípicos, imagéticos ou míticos e produz algo de específico.

Jung definiu o complexo como uma pequena psique fechada, com atividade própria, em que o "complexo do eu" é apenas um entre vários complexos e constitui o centro da consciência humana ou o "motorista do carro". Os outros complexos são outros passageiros desse veículo, e podem estar associados mais ou menos freqüentemente ao "eu". Sendo assim, nenhum outro complexo pode se tornar consciente sem se associar ao "complexo do eu". E, mesmo que não se associe, desejará um lugar ao sol e terminará por se expressar de forma autônoma e independente do "eu". Como já citado, a esses últimos denominamos "complexos autônomos da psique", os quais podem se manifestar por meio de sonhos, visões, alucinações patológicas, idéias delirantes, estranhos comportamentos ou reações.

Jung defende que a alma é uma pluralidade de sujeitos. Desses sujeitos, os complexos autônomos, quando inconscientes, têm algumas características particulares.

> Por exemplo, é de sua natureza atuar de forma independente e compulsiva, contrapondo-se à consciência do eu como um fato irresistível; o complexo não é autônomo a não ser que nos ocorra forçosamente e nos mostre visivelmente sua superioridade em relação à vontade consciente.
> À argumentação comum de que as pessoas têm complexos, Jung contrapunha que, pelo contrário, os complexos é que podem ter as pessoas. De modo geral, há uma inconsciência profunda a res-

peito dos complexos, e isso lhes confere uma grande liberdade, podendo, inclusive, assimilar o complexo do eu. Disso resulta uma modificação momentânea da personalidade, por meio da identificação com o complexo. Ou então os complexos autônomos aparecem, como tudo que ainda não é consciente, como não pertencentes ao próprio eu, isto é, como qualidades de objetos ou pessoas estranhas: portanto, projetados. (1)

Cabe comentar algo sobre o mecanismo da projeção. Como os complexos são aspectos autônomos da psique e, portanto, inconscientes, nem sempre o indivíduo admite ou tolera que eles estejam emergindo de dentro de si próprio e tende a projetá-los em seus relacionamentos mais próximos, como se só pudesse entrar em contato com eles por intermédio de um espelho. Esse mecanismo é relativamente simples de entender e ocorre com bastante freqüência. Mas nem sempre o seu portador está pronto ou apto a reconhecer o que está se passando. Só um profundo trabalho de autoconscientização pode ajudá-lo a admitir, reconhecer, dominar e re-integrar tal aspecto à sua consciência.

Em sua maioria, a causa da emergência de um complexo é um trauma, um choque emocional que, por assim dizer, suga um pedaço da psique. Como regra geral, os complexos originam-se de um conflito moral, em que algo foi negado ao indivíduo, algo psiquicamente inerente a ele, alguma auto-expressão natural, segundo Jung. A emersão de complexos autônomos provém sempre do inconsciente coletivo e pode indicar o início de muitas patologias.

## Síndromes e complexos

Repetimos: o que estamos chamando de síndromes na astrologia são os complexos autônomos da psicologia junguiana. Sua análise e conscientização podem promover sua integração, uma vez que todos os personagens que povoam nossa psique desejam existir. Quanto mais pudermos nos autoconhecer como indivíduo e como espécie, mais perto da auto-integração, da auto-expressão de nossa identidade e da diferenciação de nossa individualidade estaremos. Como arquétipos, esses grandes tipos humanos nascem do inconsciente coletivo e se perpetuam ao longo dos tempos, modificando-se ou atualizando-se apenas na forma ou ainda nas imagens arquetípicas de cada época, porém mantendo seu conteúdo. Poderíamos escolher qualquer mitologia para nos aproximar deles, mas escolhemos examiná-los à luz da mitologia grega, origem de todo o pensamento e cultura ocidentais, dos quais fazemos parte.

## Referências bibliográficas

(1) MARONI, Amnéris. *Jung: individuação e coletividade*. São Paulo: Moderna, 1999, cap. 2 e 3.

# As personagens arquetípicas: o mito grego da criação

Segundo a mitologia grega, no princípio era o Caos.

*Caos*, que em grego significa abrir-se, entreabrir-se, abismo insondável, massa informe e confusa, "é a personificação do vazio primordial, anterior à criação, quando a ordem ainda não havia sido imposta aos elementos do mundo" (1).

Do Caos grego, dotado de grande energia prolífica, saíram Géia, Tártaro e Eros, os três elementos primordiais do mundo, ou seja, a mãe ou princípio de fertilidade e reprodução, a morte e o amor, respectivamente.

Géia ou Gaia é a Terra, concebida como deusa cósmica, que se diferencia, teoricamente, de Deméter, a terra cultivada. Géia se opõe, simbolicamente, como princípio passivo ao princípio ativo; como aspecto feminino ao masculino da manifestação, como obscuridade à luz; como Yin ao Yang; como densidade, fixação e condensação, se opõe à natureza sutil e volátil, isto é, à dissolução. Géia suporta, enquanto Urano, o céu, a cobre. Dela nascem todos os seres, porque Géia é mãe e mulher. [...] Como matriz, concebe todos os seres, as fontes, os minerais e os vegetais. Géia simboliza a função materna: é a Mãe-Terra.(1)

Conforme a *Teogonia* de Hesíodo, a própria Géia gerou Urano, que a cobriu e deu nascimento aos deuses. Essa primeira hierogamia, ou esse primeiro casamento sagrado, foi imitada pelos deuses, pelos homens e pelos animais. Como origem e matriz da vida, Géia recebeu o nome de Grande Mãe.

Urano [...] é a personificação do Céu, como elemento fecundador de Géia. Era concebido como um hemisfério, a abóbada celeste, que cobria Géia, a Terra, concebida como esférica, mas achatada: entre ambos se interpunham o Éter e o Ar e, nas profundezas de Géia, localizava-se o Tártaro, bem abaixo do próprio Hades, o mundo dos mortos. Do ponto de vista simbólico, o deus do Céu traduz uma proliferação criadora desmedida e indiferenciada, cuja abundância acaba por destruir o que foi gerado. (1)

A essa primeira fase do Cosmo, segue-se o que se poderia chamar de estágio intermediário, em que Urano (Céu) se une a Géia (Terra), dando surgimento a numerosa descendência: Hecatonquiros, Ciclopes, Titãs e Titânidas. A união de Urano e Géia promove a fertilidade da mulher, dos animais e da Terra, mas representa, paralelamente, uma fase muito instintiva e primitiva da consciência humana.

O fato é que Urano, tão logo nasciam seus filhos, devolvia-os ao seio materno, temendo certamente ser destronado por um deles.

Géia então resolveu libertá-los e pediu aos filhos que a vingassem e a libertassem do esposo. Todos se recusaram, exceto o caçula, Crono (Saturno), que odiava o pai. Entregou-lhe Géia uma foice (instrumento sagrado que corta as sementes), e quando Urano, "ávido de amor", se deitou à noite sobre a esposa, Crono cortou-lhe os testículos. Os testículos de Urano lançados ao mar formaram, com a espuma que saía do membro divino, uma "espumarada", da qual nasceu Afrodite. Com isto, o caçula dos Titãs vingou a mãe e libertou os irmãos. (1)

Com a ação de Crono, Urano (Céu) separou-se de Géia (Terra). O titã Crono, após expulsar o pai, tomou seu lugar, casando-se com sua irmã Réia. A castração de Urano põe fim a uma longa e ininterrupta procriação, de todo inútil, uma vez que o pai devolvia os recém-nascidos ao ventre materno.

Quanto a Crono, depois que se apossou do governo do mundo, converteu-se num déspota pior que o pai. Temendo os Ciclopes, que ele mesmo havia libertado do Tártaro a pedido de Géia, lançou-os novamente nas trevas, bem como os Hecatonquiros. Como Urano e Géia, depositários da mântica, quer dizer, do conhecimento futuro, lhe houvessem predito que seria destronado por um dos filhos que teria com Réia, Crono passou a engoli-los à medida que iam nascendo: Héstia, Deméter, Hera, Hades (Plutão) e Poseidon (Netuno). Escapou tão-somente o caçula, Zeus (Júpiter). Grávida deste último, Réia fugiu para a Ilha de Creta, e lá, secretamente, deu à luz o caçula. Envolvendo em panos de linho uma pedra, deu-a ao marido como se fosse a criança, e o deus, de imediato, a engoliu. Zeus foi entregue aos cuidados das Ninfas, e sua ama-de-leite foi a cabra Amaltéia.
Atingida a idade adulta, Zeus, o futuro senhor do Olimpo, iniciou uma longa e terrível refrega contra seu pai, Crono. Tendo-se aconselhado com Métis, a Prudência, recebeu desta uma droga maravilhosa e a ofereceu ao pai, sem, no entanto, se identificar.

Graças a ela, Crono foi obrigado a vomitar os filhos que havia engolido. Apoiando-se nos irmãos e irmãs, devolvidos à luz, o astuto Zeus, para se apossar do governo do mundo, iniciou um duro combate contra o pai e seus tios, os Titãs, personificações das forças brutas da natureza.

A luta de Zeus e seus irmãos contra os Titãs, comandados por Crono, durou dez anos. Por fim, venceu o futuro grande deus olímpico, e os Titãs foram expulsos do Céu e lançados no Tártaro.

Para obter tão retumbante vitória, Zeus, a conselho de Géia, libertou do Tártaro os Ciclopes e os Hecatonquiros, que lá haviam sido lançados por Crono. Agradecidos, os Ciclopes deram a Zeus o raio e o trovão; a Hades ofereceram um capacete mágico, que tornava invisível a quem o usasse, e a Poseidon, presentearam-lhe com o tridente capaz de abalar o mar. Terminada a refrega, os três grandes deuses receberam por sorteio seus respectivos domínios: Zeus obteve o Céu; Poseidon, o mar; Hades, o mundo subterrâneo, ficando, porém, Zeus com a supremacia do Universo.

Com base na mitologia grega, podemos caracterizar três fases da evolução criadora: a de Urano, efervescência caótica e indiferenciada, é chamada cosmogenia; Crono (Saturno) é o podador, que corta e separa: com um golpe de foice, ceifa os órgãos de seu pai, pondo fim a secreções indefinidas. Ele é o tempo da paralisação, é o regulador que bloqueia qualquer criação no Universo. É o tempo simétrico, o tempo da identidade. Sua fase denomina-se esquizogenia. Já o reino de Zeus (Júpiter) se caracteriza por uma nova partida, organizada e ordenada, não mais caótica e anárquica. A esta fase chamamos autogenia. (1)

Cabe observar que o plano mítico ou mitológico revela as três fases da existência. A primeira, cosmogonia, associa-se a concepção, gestação, nascimento, infância. A adolescência, pré-maturidade e maturidade correspondem à esquizogenia, e a fase adulta, à autogenia.

Todos os planetas que utilizamos na análise das síndromes estão contidos neste mito, que retrata em minúcias suas qualidades arquetípicas. No entanto, à medida que formos adentrando cada capítulo correspondente, cada planeta social ou coletivo, retomaremos sua relativa personagem, ressaltando os sintomas que compõem sua tipologia. As síndromes estudadas a seguir são: síndromes de Júpiter, síndromes de Saturno, síndromes de Urano, síndromes de Netuno e síndromes de Plutão.

## Referências bibliográficas

(1) BRANDÃO, Junito de Souza. *Mitologia grega*. v. I e II. Petrópolis: Vozes, 1986.

# Síndromes de Júpiter

Pessoas com Júpiter muito forte ou acentuado em seus mapas natais são possíveis portadoras das síndromes de Júpiter. Elas são chamadas de "tipos jupiterianos", ou simplesmente jupiterianos.

O que determina se a pessoa tem um Júpiter forte em seu mapa natal?

- Ter Júpiter em posição angular: quanto mais angular, mais forte será seu efeito sobre a personalidade do indivíduo. Ou seja, quanto mais próximo do ascendente, meio do céu, fundo do céu (ver "Termos astrológicos técnicos citados") ou descendente, nessa ordem de importância, maior determinância terá. A orbe que usamos para os planetas em conjunção com os ângulos é de 10 graus antes ou depois e seu efeito antes do ângulo é notoriamente mais forte.

- Ter Júpiter nas casas I, X, IV, VII, nessa ordem de importância, sem necessariamente estar em conjunção com a cúspide (começo) da casa, o que significa estar mais de 10 graus depois dela.
- Ter Júpiter em aspecto tenso (conjunção, quadratura ou oposição) de até 5 graus com Sol e/ou Lua.
- Ter Júpiter em aspecto tenso com Mercúrio, Vênus, Marte e/ou regente do ascendente. (Principalmente Júpiter/Marte e Júpiter/Vênus, com orbe de até 3 graus.)
- Ter Sol e Lua em Sagitário.
- Ter planetas pessoais em Sagitário.
- Ter um stellium em Sagitário.
- Ter o ascendente em Sagitário.
- Ter o regente do ascendente em Sagitário ou em aspecto tenso com Júpiter.
- Ter Júpiter em conjunção com os Nodos Lunares, cabeça ou cauda do dragão, ou próximo a eles por significar um processo inconsciente e por toda a orientação da vida do indivíduo ser na direção de Júpiter ou oposta a ele.
- Ter Júpiter na casa V, porque esta é a casa da identidade e qualquer planeta ali se expressa.
- Ter Júpiter nas casas VIII ou XII, porque são setores do mapa propensos a desenvolver processos inconscientes.
- Ter Júpiter em aspecto com Urano ou Netuno, porque essas energias fortalecem tendências arquetípicas já presentes nos jupiterianos.

Algumas posições acima citadas podem propiciar mais de um tipo de síndrome. Outras são mais genéricas e características de todos os jupiterianos que acessem o padrão de energia: o arquétipo de Júpiter.

# O mito de Zeus, o Deus dos deuses

Zeus é uma divindade suprema da maioria dos povos indo-europeus. Seu nome significa "o deus luminoso do céu".

As lutas de Zeus contra os Titãs, contra os Gigantes e contra o monstruoso Tifão, lutas essas que, repetimos, foram travadas contra estas forças primordiais desmedidas, cegas e violentas, simbolizam também uma espécie de reorganização do Universo, cabendo a Zeus o papel de um "re-criador" do mundo. E apesar de jamais ter sido um deus criador, mas sim conquistador, o grande deus olímpico torna-se, com suas vitórias sobre todos eles, o chefe incontestável dos deuses e dos homens, e o senhor absoluto do Universo. Significa ainda que todos os que o enfrentaram e ameaçaram foram vencidos, abatidos ou deixados definitivamente na Terra, no mundo dos homens e, portanto, alijados do mundo dos deuses e sem experimentar do seu néctar que os tornava invulneráveis.

Seus inúmeros templos e santuários atestam seu poder e seu caráter pan-helênico. O deus indo-europeu da luz, vencendo o Caos, as trevas, a violência e a irracionalidade, vai além de um deus do céu imenso, convertendo-se, na feliz expressão de Homero, no pai dos deuses e dos homens.

E era realmente assim que os gregos o compreendiam: um grande deus de quem dependiam o céu, a terra e até a mântica. Alguns outros de seus epítetos comprovam sua grandeza e soberania: senhor dos fenômenos atmosféricos, dele depende a fertilidade do solo; protetor do lar e símbolo da abundância, defensor da pólis, da família e da lei e, ainda, deus também da purificação e da mântica. É conveniente, no entanto, deixar claro que o triunfo de Zeus, embora estabeleça a vitória da ordem sobre o Caos, como pensava Hesíodo, não redundou na eliminação pura e simples das divindades primordiais. Algumas delas, se bem que desempenhando papel secundário, permaneceram integradas ao novo governo do mundo, e cada uma, a seu modo, continuou a contribuir para a economia e a ordem do Universo. [...]

Em síntese, o novo senhor, alijados os inimigos irrecuperáveis, ao menos temporariamente, buscou harmonizar o Cosmo, pondo um fim definitivo à violenta sucessão das dinastias divinas.

Quanto aos seus casamentos e ligações amorosas, é necessário proceder com certa cautela. Zeus é, antes do mais, um deus da "fertilidade", deus dos fenômenos atmosféricos, chuvoso e responsável pela fecundidade da terra. Essa característica primeira de Zeus explica várias de suas ligações com deusas de estrutura ctônia, como Europa, Sêmele, Deméter e outras. Trata-se de uniões que refletem claramente hierogamias de um deus, senhor dos fenômenos celestes, com divindades telúricas. De outro lado, como protetor da família e da pólis, é necessário levar em conta que a significação profunda de "tantos casamentos e aventuras amorosas" obedece antes de mais nada a um critério religioso (a fertilização da terra por um deus celeste) e, depois, a um sentido político: unindo-se a certas deusas locais pré-helênicas, Zeus consuma a unificação e o sincretismo que hão de fazer da religião grega um caleidoscópio de crenças, cujo chefe e guardião é ele próprio.(1)

## Palavras-chave associadas ao arquétipo de Júpiter

*Expressão positiva*

Abundância, alegria, advogados, acordos de paz/diplomáticos, ambição, ancas/nádegas, animais de grande porte, andarilho, anjo da guarda, arquétipo de pai, aspiração, astúcia, atletismo, audácia, autoconfiança, aventuras, bandeirantes, benefícios, benesses, bênção, boa-fé, boa fortuna, bom humor, busca da sabedoria, buscas em geral, cardeais/bispos, casamento tardio, cavalaria, cavalheirismo, cavalos/eqüinos/equitação, centauro, cetro/coroa, confessor, corte, chance, chefia do clã, cacique, clérigos/evangelizadores, códigos/símbolos em geral (legal, moral, ética), conhecimento, conferências, contador de histórias, convencionalismo, convicção religiosa, coxas, crenças, crescimento, critérios, cultura, desbravador, debates, desenvolvimento, dignidade, dinastias, discípulo/mestre, divindades, distâncias, editores, educação superior, elevação, elogios, emigrantes/imigrantes, eminência, entusiasmo, escritor, esperança, espírito esportivo, espontaneidade, estudos superiores/especializados/acadêmicos, estrangeiros, êxito, expansão, expectativa, explorador, exportação/importação, exuberância, fé, fidelidade, fígado/vesícula/bílis, filantropia, filosofia, filosofia de vida, força muscular, fortuna/afortunado, franqueza, freiras/padres, galanteria, generosidade, gigantismo, gordura, grandeza, grandes distâncias, grandes negócios, guias, *happy end*, heróis, hierarquias, hipismo, horizontes, ideais/idealismo, impulso, integração social, integridade, interesses universais, jogos, juiz, juízo, justiça, *know-how*, leis, liberdade, línguas estrangeiras, lipídios, magnanimidade, majestade, mão-aberta, manto, mecenas, mente positiva, mente superior, mestres/professores, monges, moral, mosteiros, navegantes, negócios no exterior, nervo ciático, nobreza, nômades, o grande benéfico, objetividade, oportunidades, otimismo, pai, padrinho, paternalismo, pajé, pai benevolente, pai supremo, pâncreas, pastor, pároco, patriarca, patrocinador, pacifismo, pesquisas, piadas, plenitude, poder de cura, poder político, poder papal, pregador, produção literária, profissionais de turismo, projeção social, promoção, prosperidade, proteção espiritual, provedor, providência, publicações, purificação do sangue, raio, rabinos, rei, realeza, reitores, religiões organizadas, religiosidade, respeito pela liberdade, região lombar, riqueza, sacerdotes, satisfação, semideuses, senhor feudal, sermões/púlpitos, simpatia, solteirão convicto, sucesso, títulos de nobreza, títulos hierárquicos, títulos honoríficos, tradutores, trono, trovão, turismo, turista, universidades legais e livres, viagens longas, viajantes, visão de longo alcance, vitalidade. (2)

## Expressão negativa

A lei para os outros, abuso de autoridade, abuso de poder, abusos em geral, acne, agitação, aliciador, ansiedade, ambição desmedida, antiética, aproveitador, arrogância, astúcia, atleta, atleta sexual, autoconfiança excessiva, auto-indulgência, autopromoção, bigamia, boemia, calúnia, canastrão, caridade ostensiva, casamento por conveniência, charlatanismo, cistos, comilança, contador de histórias/de vantagens, correr riscos, deboche, demagogia, depravação, desprezo ao país natal, desonestidade, desperdício, despótico, desrespeito, dificuldades com metabolismo, dor ciática, enxaquecas, errante, especulação, exagero/excessos, exibicionismo, extravagância, falcatruas, falsidade, falsidade ideológica, falso personagem, falta de refinamento, falta de tato, fanatismos em geral, fibromas, fraqueza moral, fraudes, generosidade ostensiva, gorduras, grosserias, guerras religiosas, gula, hipocrisia, humor de mau gosto, ignorância, ilegalidade, imoralidade, impaciência, impropriedade, imprudência, impulsividade, inconseqüência, inconstância, indelicadeza, indigestão, indisciplina, indiscrição, inescrupulosidade, infidelidade, inflação, infração da lei, injúria, injustiça, inquisidor, Inquisição, insensibilidade, insolência, insultos, interesseiro, intoxicação por excessos, intranqüilidade, ironia, irresponsabilidade, jogador inveterado, litígios, manipulação religiosa, marajás, miomas, moral elástica, moralista, mulherengo, nobreza falida, obesidade, opressão, ostentação, parasitismo, pecados, pirataria, *playboy*, poligamia, proliferação celular, promessas vãs, provocação, relapso, riqueza, riso inoportuno, soberba, subordinado a convenções, sultões/haréns/paxás, superficialidade, tendência para engordar, tráfico de influências, tumores, vaidade. (2)

## As síndromes de Júpiter

As síndromes do "tipo jupiteriano" se apresentam de maneira mais leve e menos determinante do que as síndromes dos outros planetas, mais lentos, coletivos e transpessoais. Júpiter traça uma órbita de aproximadamente 12 anos em torno do Sol, o que o torna muito mais rápido que Saturno, o próximo planeta depois dele, cuja órbita é de 29,5 anos. Portanto, sua passagem por signo a signo do zodíaco demora um ano, o que poderia ser de pouca força para imprimir características tão determinantes, como ocorre com os outros planetas exteriores. Mas Júpiter também não é tão rápido assim, a ponto de sua proximidade ou seu relacionamento com os pontos ou planetas principais do mapa não ser sentida. Por isso, sua presença, influência, intensidade e determinação na personalidade de um indivíduo podem parecer de menor incidência, mas nem por isso serão irrelevantes.

Os jupiterianos compõem um tipo astrológico específico, que vale a pena ser analisado. Vamos às suas síndromes.

### Síndrome do exagero ou da falta de limites

Esta síndrome é universal e ocorre diante de qualquer situação. O jupiteriano sempre conta de antemão com a sorte, com a abundância de recursos, com o maior espaço de atuação possível para si mesmo, com o duvidoso como certo e com a realidade sempre conspirando a seu favor. Ele não consegue em momento algum lidar com a realidade, sempre superestimando as condições de seu meio e, via de regra, de si mesmo, como se o externo fosse uma extensão de sua vontade.

Como conseqüência, desenvolve uma intolerância a limites e restrições e uma impossibilidade de, sob nenhuma circunstância, se privar daquilo que deseja ou almeja.

Quando um jupiteriano quer algo ou alguém, ele mira no objeto do desejo e nada o demove daquela direção até consegui-lo. Ele vai lançar mão de qualquer artifício para obtê-lo, contando sempre com sua simpatia, astúcia, capacidade de sedução, conquista e sorte. Ele é tão assertivo e autoconfiante no uso de suas capacidades que o objeto do desejo acaba por ceder e cair no seu colo.

Mas o jupiteriano não permanecerá ali necessariamente, pois, uma vez conquistado seu objetivo, uma nova meta é colocada em sua mente e um novo objeto passa a ser desejado, orientando sua seta e sua atenção para a nova direção. É o que chamamos vulgarmente de um tipo folgado e descompromissado.

Desta síndrome também podem derivar um excesso de autoindulgência e uma eterna busca pelo autobeneficiamento, mesmo que em detrimento de outras pessoas. Pode ainda gerar preguiça e irresponsabilidade, além de dificuldade em aceitar a autoridade alheia e lidar com ela.

## Síndrome da gula e da voracidade

A gula aqui não se manifesta apenas na volúpia com relação à comida, mas sim como uma gula diante da própria vida, propiciando ao seu portador uma voracidade, uma ansiedade, um "hiperquerer" de tudo a todo instante, o que pode gerar obesidade não apenas no corpo, mas também na mente e na alma.

Conta a mitologia grega que, certa vez, Prometeu matou duas reses e com elas preparou duas algibeiras para provar o quanto Zeus era influenciável pelas aparências: na primeira colocou os ossos por baixo e a gordura por cima; na outra fez o contrário, colocou as carnes boas e saborosas por baixo e os ossos sobre elas. Chamado a escolher, Zeus preferiu a que tinha gordura por cima, é claro. Mais tarde, Prometeu foi convocado a se explicar, e esta é mais uma das vezes em que estes dois grandes arquétipos vão se confrontar. Depois voltaremos a eles ou à fronteira que separa os deuses dos homens.

Voltemos à questão do apetite, sempre presente naqueles que lutam pela supremacia e pelo poder. Urano tinha um apetite tão grande que, mal nasciam seus filhos, já os devolvia para dentro do seio materno, a Terra.

Crono, por sua vez, com um apetite ainda mais feroz, engolia seus filhos, transformando-os em alimento: estava tão preocupado com sua pança que, quando recebeu uma pedra à guisa de bebê, também a engoliu. Zeus, por conseguinte, faz dos Cem-braços (ou Hecatonquiros) e dos Ciclopes, que são da mesma geração dos Titãs, divindades olímpicas verdadeiras, concedendo-lhes o privilégio do alimento da imortalidade: o néctar e a ambrosia. Na verdade, o que caracteriza os deuses do Olimpo é que, ao contrário dos animais que comem qualquer coisa, e dos homens que se alimentam de pão, vinho e carne ritualmente sacrificada, os deuses não se alimentam, ou melhor, absorvem o alimento de imortalidade, que lhes dá vitalidade interior, vitalidade esta que jamais se esgota e que desconhece o cansaço.(3)

Com o alimento da imortalidade oferecido aos Cem-braços e aos Ciclopes, Zeus garante, de um lado, a astúcia sutil e a artimanha de que é dono; e, de outro, a força bruta, a violência e a desordem desenfreada para dirigi-las justamente contra os Titãs.

Esta síndrome é um desdobramento da síndrome anterior e traz como conseqüência o excesso de gordura em todos os níveis: físico, mental, emocional, sexual e espiritual. Por isso, onde há um jupiteriano, sempre haverá a voracidade, e, mesmo que não sejamos um tipo destes, onde mora o Júpiter de nosso mapa, moram nosso apetite, descontrole ou perda de limites. E, mais do que isso, uma incapacidade de avaliação das quantidades corretas. Mesmo porque qualidade já ficou bem atrás.

## Síndrome do dono da verdade

O jupiteriano já é por si um sujeito propenso ao autoritarismo ou a acreditar que sua visão de mundo, suas crenças e opiniões, bem como sua abordagem da vida, são a verdade absoluta. E mais: que todos devem segui-lo sem questionamentos. Não podemos esquecer que o arquétipo aqui é o de Zeus, o senhor supremo do Universo, o ordenador do Cosmo.

Recorrendo à mitologia, sua primeira esposa foi Métis, a prudência, ou ainda a astúcia, "esta forma de inteligência que sabe combinar de antemão elementos e procedimentos de vários tipos para atingir seus fins. Ou, quando não, para enganar a pessoa que se tem diante de si"(3). Zeus, a exemplo de seus antecessores, receava a perda do poder. Tanto que, quando um oráculo previu que ele poderia ser destronado por seu primeiro filho, Zeus engole Métis. Apesar de ela simbolizar a malícia, a astúcia e a prudência, de nunca abrir o flanco para um ataque inesperado, nunca ser surpreendida por coisa alguma, Zeus escolhe o caminho da artimanha para enfrentar a magadeusa e lhe pergunta: "Podes mesmo te metamorfosear em qualquer coisa para evitar danos a ti mesma?" E ela responde que sim. "Podes então virar um leão?" E ela se torna um leão imediatamente. "Podes virar uma gota de água?" E, ao se transformar em tal, ele a sorve, tornando-se ele mesmo Métis. "Zeus não precisava de uma sócia ou companheira, mas sim de ser a Métis em si. Sendo assim, ela agora estava em sua barriga: mais uma vez a astúcia funcionou." (3)

Voltando à nossa síndrome, estamos falando aqui de um tipo "dita-regras", porém sedutor, que diz a todo instante que só ele detém a verdade sobre todas as coisas, ou que se apresenta às vezes sob a forma de um fanático, de um pregador, de alguém a quem a "verdade" foi revelada. E tenta convencer a todos que a sua é a grande verdade, pois, afinal de contas, ele está acima do bem e do mal.

A essa atitude perante a vida vemos comumente associadas a arrogância e a simpatia que, por serem bastante envolventes e convincentes, acabam por subjugar seus interlocutores e por subverter a realidade a seu favor, sob o jugo de sua autoridade.

## Síndrome do sabe-tudo

Derivada da síndrome anterior, a síndrome do sabe-tudo descreve aquele indivíduo que domina qualquer assunto, mesmo que o seu interlocutor seja um especialista no tema. Ele sempre será o que mais entende daquele assunto e de suas variantes. Não discuta com ele; jamais se deve desacatar um tipo destes sem chamá-lo para a briga, pois seu julgamento será sumário: você não sabe nada porque não sabe. E pronto. Mesmo porque, cada vez que um humano tenta penetrar no reino dos deuses, uma tragédia se anuncia. Há um encanto ameaçador por trás deste sorridente ser, meio-homem, meio-deus, que impõe seu conhecimento a você e o convence a não desafiá-lo.

Sempre com ares de sábio, de grande educador ou professor, terá respostas para tudo, pois, como Zeus, senhor do mundo, onipresente e onisciente, ele é um profundo conhecedor de tudo que ocorre no Universo – o que dirá na face da Terra.

## Síndrome do rei de fogo

O fogo é rápido, porém fugaz; ilumina, mas também cega; esquenta, mas também queima; cria, mas também inventa; estimula e entusiasma, mas também exagera; infla, mas mascara; brilha, mas ofusca. Júpiter é Zeus, e Zeus é fogo, raio e trovão, o Deus dos deuses, que destrói o próprio reino com sua luz e sua megalomania se não lhe for feita a vontade.

Na guerra contra os Titãs, Zeus recebe ajuda por várias vezes. Por libertar do Tártaro os Ciclopes e os Hecatonquiros, recebe deles, como presentes, o raio e o trovão e em troca lhes dá "garantia de que, se combaterem ao seu lado, terão direito ao néctar e à ambrosia, o alimento da imortalidade"(3), como já relatamos.

Esta arma irresistível, o raio, [...] é um feixe condensado de luz e fogo incrivelmente poderoso e ativo. Os Ciclopes, que lhe deram o raio, têm um só olho, que representa o próprio fogo. Para os antigos, o olhar é a luz que sai do olho. E a que surge do olho de Zeus é o próprio fogo. Sempre que ele estiver em real perigo, seu olhar vai fulminar os adversários. Com os braços dos Hecatonquiros e com o olho dos Ciclopes que aniquila, Zeus torna-se invencível.(3)

Num ponto culminante da batalha contra os Titãs, por um momento o mundo retorna a um estado caótico. As montanhas desabam, abrem-se rachaduras e, do fundo do Tártaro, ali onde reina a noite, surgem neblinas das profundezas. A vitória de Zeus sobre seu pai e adversário, Crono, não é apenas uma vitória, mas também uma maneira de recriar o mundo, refazer a ordem com base no Caos, criar o Cosmo.

Não é à toa que Sagitário, o signo regido por Júpiter, se encontra no zodíaco entre Escorpião e Capricórnio, os reinos ctônio e sombrio de Hades e despótico e titânico de Crono, regentes daqueles signos respectivamente.

Todo jupiteriano que se preza só luta à luz do dia e sob o domínio da consciência, daquilo que se pode ver, para, se for o caso, fulminar o adversário com seu olhar.

## Síndrome do grande juiz

Esta síndrome é uma derivação da anterior. Seus portadores se consideram acima do bem e do mal e, portanto, se acham no direito de julgar os outros, absolvê-los ou condená-los, praticando a justiça aqui e ali, mantendo a ordem do mundo, segundo a sua ótica, é claro.

Não raro, encontram-se entre eles aqueles que praticam mesmo o julgamento como profissão, como é o caso de juízes, advogados, desembargadores, procuradores de Estado e promotores, que já têm Júpiter acentuado em seus mapas; caso contrário, não teriam optado por tais escolhas profissionais. Assim sendo, julgam-se os "escolhidos" para legislar e para julgar sobre o bem e o mal, mesmo fora do ambiente de trabalho.

Como já citamos, muitas divindades se dispõem a ajudar esses jupiterianos. Era – e ainda é – necessária a adesão de forças titanescas para garantir a sua soberania. Em particular, podemos citar a de Estige, "deusa que representa tudo o que o mundo subterrâneo e aquático comporta de matéria perigosa. Ela corre nas profundezas do Tártaro, e quem beber de suas águas será imediatamente fulminado" (3).

Estige se põe ao lado de Zeus com seus dois filhos: Kratos e Bia. O primeiro representa o poder de dominação, de subjugar e de se impor aos adversários. Bia encarna a capacidade de desatar uma violência contra a qual não há defesa possível. Distribuindo honras e privilégios aos deuses, Zeus institui um universo divino, hierarquizado, ordenado e estável, no qual ele legisla das alturas com sua soberania sobre o bem e o mal.

> Percebe-se muito bem que em todas estas histórias há como pano de fundo a idéia de um universo divino com privilégios próprios. O néctar e a ambrosia são a marca do alimento dos imortais. Zeus concedeu a alguns mortais o seu alimento para que estes ficassem do seu lado. Inversamente, aos outros mortais, ele oferece os frutos efêmeros que os tornam fracos e os mantêm homens.
> Quanto aos deuses, é deles o céu, um lugar que só conhece a luz pura. Nas profundezas do mundo, as trevas, a noite, o Hades, o Tártaro. Entre eles, há o mundo dos homens, que também é o dos animais. Estas criaturas que ali habitam conhecem ao mesmo tempo o dia e a noite, o bem e o mal, a vida e a morte.
> Em resumo, neste mundo divino, múltiplo, diverso, Zeus previu os perigos de um conflito. Vigilante, ele instituiu não só uma ordem política, mas também quase jurídica, para não pôr em risco os pilares do mundo. As divindades faltosas são expulsas do

Olimpo até que tenham purgado suas penas. Depois, despertam da letargia, mas ainda não têm direito ao néctar e à ambrosia: devem esperar dez vezes o tempo que dura suas penas. Esta é a ordem entre os deuses, mas não entre os homens.(3)

## Síndrome do guru

Esta síndrome deriva da síndrome do dono da verdade. Seu portador se vê como alguém a quem a verdade espiritual foi revelada e, agora, generosamente, quer dividi-la com os outros, porque ele "compreende e sabe" que todos necessitam de sua informação, de sua orientação, de sua lucidez, de seu conhecimento, do sábio que nele habita para serem mais felizes.

E mais: ele acredita que, se todos o seguirem, derem ouvidos a seus conhecimentos e ensinamentos, o mundo não será mais o mesmo. Mas só ele é quem sabe como mudar o Universo. Basta você segui-lo.

Nesta síndrome está presente o lado religioso e místico de Júpiter, já que ele também é co-regente de Peixes, com a diferença de que este elege quem deve seguir e Júpiter escolhe eleitos para segui-lo. Na psicologia analítica de Jung, este é o arquétipo denominado "personalidade mana", uma espécie de guru, de escolhido, de anjo da guarda da humanidade, que pode se manifestar como um complexo em algum momento, sobrepondo-se aos outros sujeitos que nele habitam.

Vale mais uma vez recorrer à mitologia grega, pois, como já dissemos:

> As lutas de Zeus contra Titãs, os Gigantes e o monstro Tifão, entre outros, foram travadas contra estas forças primordiais desmedidas, cegas e violentas, e simbolizam também uma espécie de reorganização do Universo, cabendo a Zeus o papel de um "re-criador" do mundo. Cabe lembrar ainda que essas forças brutas da terra e por conseguinte os desejos terrenos se colocavam em atitude de revolta

contra o espírito, representado por Zeus. [...] O deus indo-europeu da luz, vencendo o Caos, as trevas, a violência e a irracionalidade, vai além de um deus do céu imenso, convertendo-se, na feliz expressão de Homero, no pai dos deuses e dos homens.

## Síndrome do centro do Universo

O jupiteriano sempre se achará a figura mais importante do Universo. Zeus o era, e os jupiterianos, seus seguidores arquetípicos, crêem nisso fervorosamente. Até porque eles sempre atraíram atenção especial desde a infância. Lembramos que Zeus foi alijado do convívio de seu pai, Crono, a titânica força da razão e do poder, sendo criado por curetes e ninfas, o que demonstra sua incrível sorte.

Mesmo os jupiterianos mais fracos acreditam na sua especialidade. Mas há os que exageram nessa crença, que chega a ser patológica em muitos casos, acabando por prejudicar e comprometer todo o desenvolvimento psíquico, pessoal, social, profissional e espiritual desses indivíduos, que, por se considerarem pertencentes à nobreza ou à realeza, por crerem ser de sangue azul, acreditam que todos devem reverenciá-los, servi-los, temê-los, acatá-los e curvar-se diante deles e de suas vontades.

Desta síndrome deriva uma grande pretensão, vaidade e arrogância, que terminam por isolar esse indivíduo e por colocá-lo à margem do processo social, fazendo dele, com o passar do tempo, um solitário e, não raro, um fracassado.

Uma das grandes batalhas de Zeus, já no final da guerra, foi contra o já citado monstro Tifão – concebido por Géia juntamente com o Tártaro – para tentar garantir a sobrevivência de algumas divindades terrestres. Apesar de avó de Zeus, Géia ainda defende as entranhas da terra, ou melhor, as suas, e cria Tifão,

> um monstro com força assustadora, com energia do Caos primordial e desordem. Tem braços poderosos, possuidores de tremendo vigor e flexibilidade. Seus pés se apóiam no chão, são incansáveis

e estão sempre em movimento. Tem cem cabeças de serpente e cada uma delas possui uma língua preta projetada para fora da boca. Ele tem múltiplas vozes: às vezes fala a língua dos deuses, às vezes dos homens; emite sons de todos os bichos selvagens que se possa imaginar, e reúne traços opostos e incompatíveis numa monstruosidade caótica e horripilante.

Muitas foram as batalhas de Zeus contra ele para garantir a ordem olímpica ou ainda para confrontar o monstro de centenas de olhos flamejantes contra a fulgurância do seu olhar divino. Olho por olho, Zeus sai sempre vencedor. (3)

Como já vimos, a posição de Sagitário no zodíaco, entre Escorpião e Capricórnio, não permite jamais que ele se conecte com as trevas ou com as entranhas da terra, nunca se aproximando das divindades que habitam seus porões.

## Síndrome do jogador

Todo jupiteriano é um grande aventureiro, para quem a vida só tem valor se for vivida com o maior grau de satisfação e prazer possível, não importando a quem isso possa afetar. Dessa crença e conseqüente atitude, deriva um des-compromisso com qualquer pessoa ou objeto que não seja ele mesmo. Deriva ainda uma necessidade de se sentir livre de qualquer regra ou limite, de poder usar e abusar de qualquer situação ou procedimento, de poder ir e vir livremente, de sempre tomar a atitude que quiser, sem consideração a nada ou a ninguém, não importando a circunstância ou a pessoa envolvida.

Não é à toa que entre os aliados de Zeus encontram-se Hermes e Egipã, dois deuses que representam astúcia, artimanha, mentira, engodo, omissão, engano, ardilosidade, disfarces. Qualquer um que com ele se meta não conhecerá nenhuma condescendência, até que ele ganhe tal batalha e, portanto, a guerra.

Além disso, o portador desta síndrome possui demasiada confiança na sorte, e o mais incrível é que ele é sortudo mesmo. Mas esse traço também pode beirar a irresponsabilidade, o cultivo dos excessos e, por vezes, até a crueldade.

## Síndrome do estrangeiro

> Quando ordena o Universo, Zeus toma muito cuidado para afastar do mundo divino tudo que possa gerar escuridão ou conflito. No Olimpo, os deuses brigam, mas nem por isso a disputa vai terminar em conflito aberto. Zeus também expulsou os males do Olimpo e os enviou para o mundo dos homens: assassinato, matança e carnificina, além de desgraça, fome, fadiga, luta e velhice. Ele pediu ainda a Poseidon que construísse uma tripla muralha de bronze para que a porta do Tártaro permanecesse sempre fechada e para que a Noite e as forças do mal jamais pudessem subir aos céus. Portanto, elas continuaram existindo, mas só no mundo dos homens.(3)

Quem tem esta síndrome acredita que tudo que acontece aqui, tudo que é daqui, tudo que é de perto, tudo que é nacional ou mundano não presta, não é de boa qualidade, não é digno de ser levado a sério. O melhor, os bons produtos, o bom povo, o bom país, a boa cultura é sempre a do outro, a do estrangeiro, do externo, do ultramar, do que está lá fora, do que vem de fora, de cima, porque é o que há de mais moderno, mais vanguarda. É superior e é o melhor.

Seus portadores são grandes viajantes, grandes turistas da vida, e estão sempre descontentes com aquilo que possuem e com o lugar onde vivem, desejando compulsivamente retornar ao Olimpo de onde vieram. Mas vale reconhecer que os tipos jupiterianos têm e tiveram uma formação cultural privilegiada, abrangente, sistêmica e, por muitas vezes, diferenciada, que realmente os distancia dos demais e da mediocridade reinante na sociedade.

Mas eles esquecem que isso não faz deles imortais e nem olímpicos; continuam sujeitos às leis do mundo dos homens.

## Síndrome do conquistador

Como o jupiteriano quer sempre aquilo que não está por perto, quando ele se apaixona por alguém, aquela pessoa terá de ser sua apenas porque ele assim deseja. E vai usar de qualquer artifício, artimanha, sedução, apelo ou expediente para conquistá-la. Mesmo que a pessoa em questão seja a mulher de seu melhor amigo, sua secretária, funcionária ou cunhada. Não importa. Se ela representar para ele um objeto de desejo, terá de ser dele.

Zeus teve sete parceiras divinas e sete humanas, com as quais teve mais de trinta filhos. Para ele, o desejo, a paixão e o prazer não estão no objeto, mas sim em sua conquista e em provar a si mesmo que ele pode ter quem quiser na hora que bem entender, porque ele é assim: simplesmente o máximo.

Esse é o caso de indivíduos com Júpiter de ponta ou de ângulo, principalmente nas casas IV ou VII. Eles acreditam que, se não der certo com esta, dará com aquela, porque a oferta de candidatas é sempre farta, e eles nunca se frustram. Se não der certo com você, eles tentarão com a próxima. Mas jamais se comprometerão com você. Escorpião e Capricórnio, os dois signos que lhe fazem vizinhança, costumam se comprometer com o parceiro quando se apaixonam. Por isso mesmo, Sagitário, o signo regido por Júpiter, figura entre eles como uma reação, como um apelo à sua posição divina.

Aliás, ele exerce sua faceta de conquistador o tempo todo, mesmo quando o objeto de desejo não é tão desejável assim. E nessa conquista vale tudo: disfarces, jogos de sedução, blefes, invenções, mentiras e meias-verdades.

Sem esquecer a co-regência de Júpiter em Peixes, muitas vezes o expediente utilizado é o da vítima. Mas essa vítima é um ser do Olimpo, que desceu à Terra só para você. Portanto, não ceder à sua conquista é um erro e até uma burrice de sua parte.

### Síndrome do ilusionista

Neste caso, o jupiteriano usa seu lado místico, sua fé e sua crença num paraíso perdido, aplicando sua lente grande angular para "dourar a pílula", criar uma realidade própria, inventar, aumentar, inflar e inflacionar qualquer situação que o autovalorize, o autoprestigie, o autopromova para que os outros, e até ele mesmo, possam "aplaudi-lo". A intenção é sempre se destacar de maneira que confirme sua origem nobre, escolhida, especial. Por isso é que ele usa de qualquer artimanha de sedução e fantasia para atingir seu objetivo.

Assim como Netuno, regente de Peixes, Júpiter tem o dom de camuflar a realidade, pincelá-la com cores mais amenas, mascarar a situação. Quando os envolvidos descobrem a realidade, os jupiterianos sofrem grandes decepções e costumam não admitir que foram eles que criaram tal situação. Na verdade, diz o jupiteriano, ela não existia ou foi o outro que a imaginou diversa. Ele, como dono da verdade, jamais inventaria algo que não existisse, projetando no parceiro tal invencionice. Neste momento, estará mascarando sua arrogância, suas falhas ou seu abuso de imaginação, sua incapacidade de ser apenas humano.

## Sugestões de cura para as síndromes de Júpiter

Como vimos, Júpiter significa expansão. Quando está associado a Urano, o arquétipo da liberdade e do descompromisso, Júpiter acentua o funcionamento uraniano. Já quando está associado a Netuno, o arquétipo do grande feminino, reforça o comportamento passivo e imaginativo daquele planeta, assumindo forte descompromisso com a realidade e, por vezes, com o comportamento de vítima.

Aos jupiterianos, recomendamos que também sejam lidas as sugestões de cura dos tipos astrológicos uranianos e netunianos, as quais podem ser muito elucidativas.

Seguem abaixo algumas indicações ou procedimentos a serem utilizados na tentativa de cura dos sintomas jupiterianos.

*– Expandir a consciência sobre si*

A primeira recomendação é se conscientizar de seus sintomas e admitir que pode ser necessário pedir ajuda para tratá-los ou mesmo dominá-los. Neste caso, recomenda-se a psicoterapia, que poderá conduzi-lo a visitar seus níveis de consciência, alma e espírito e se integrar melhor à sua condição humana.

*– Exercitar a percepção*

O antídoto de todo planeta é o regente de seu signo oposto. Como Júpiter é o regente de Sagitário, Mercúrio é o seu antídoto como regente de Gêmeos. No caso de sua co-regência em Peixes, também será Mercúrio o seu antídoto, como regente de Virgem.

Mercúrio é o planeta do pensamento, da percepção, do intelecto e da comunicação. A sugestão aqui é utilizá-lo para melhor avaliar a realidade e as relações cotidianas. Pode-se usá-lo ainda para perceber a realidade imediata e o que está acontecendo de fato, integrando-se ao presente e não se ligando ao passado (Netuno) nem ao futuro (Urano), o que pode justificar suas atitudes e sua tendência à falta de percepção de limites.

Como planeta do intelecto, sugere-se utilizar Mercúrio como ferramenta de cálculo, aferição, mensuração das reais condições existentes em seu mundo direto, objetivo e cotidiano, não dando asas à imaginação nem usando-a a seu bel-prazer.

*– Prestar atenção aos detalhes*

Como regente dos caminhos e das estradas, recomenda-se também o uso de Mercúrio para observar o mundo de perto, olhar por onde anda e por onde pisa em todos os sentidos, minimizando assim os tombos que normalmente os sagitarianos costumam levar. Seus corpos, meio-homens, meio-cavalos, têm dificuldade de se adequar ao espaço, o que pode levá-los a cair e quebrar os maiores ossos do corpo que, aliás, são regidos por este signo: sacroilíaco, quadris e fêmur.

Se prestassem mais atenção no que está perto, esses olímpicos seres também teriam menos prejuízos, uma vez que costumam ser muito desajeitados e esbarram em quase tudo que está no caminho.

### – *Diminuir a ansiedade e relaxar*

Recomendam-se atividades que possam diminuir a ansiedade e promover o relaxamento, colocando os jupiterianos em contato com seu interior, como meditação, ioga, relaxamento e massagens. Como eles possuem grande energia e vitalidade, recomendam-se práticas esportivas em que possam extravasá-las, como aeróbica, corrida, equitação, esportes radicais e outros.

### – *Transformar a energia*

Outra recomendação é que os jupiterianos busquem práticas terapêuticas como as medicinas alternativas e alquímicas (acupuntura, terapias florais, alquimia, cromoterapia e tantas outras), que possam auxiliar na transformação da energia de opulência que reina dentro deles, facilitando assim sua integração neste mundo dos homens. Recomenda-se ainda a ingestão de chás calmantes ou ansiolíticos naturais, que são redutores de ansiedade e voracidade.

### – *Estar atento aos níveis de consumo*

Sugere-se aos jupiterianos que prestem atenção nos níveis de consumo do que ingerem, compram, desejam e nos sacrifícios que vêm automaticamente como decorrência deles. Como exemplo, podemos citar os altos comprometimentos financeiros que geram a fim de dar conta dos gastos excessivos que fazem para manter a imagem, os níveis de gratificação e prazer e a auto-indulgência. Outro exemplo é terem de se submeter a tratamentos rigorosos contra obesidade, diabetes, colesterol e triglicérides, chegando muitas vezes a se mutilar, como é o caso da operação feita para diminuir o volume do estômago e provocar emagrecimento induzido.

Devem ainda atentar às perdas sucessivas de pessoas queridas que se cansam de seus caprichos sem nunca receber nada em troca, bem como se preocupar com a imagem errônea que costumam transmitir, fruto da autocomplacência, da displicência e da falta de compromisso e limites que terminam por classificá-los como folgados, pouco confiáveis, inconstantes, egoístas, arrogantes, incapazes ou fracassados.

Por fim, mas não menos importante, os jupiterianos devem *prestar mais atenção nos seus ídolos* ou naqueles com os quais se identificam na mídia e perceber se tais ídolos ainda terão lugar ao sol por muito tempo se mantiverem seus discursos conservadores e ultrapassados.

## Referências bibliográficas

(1) BRANDÃO, Junito de Souza. *Mitologia grega*. v. I e II. Petrópolis: Vozes, 1986.

(2) CASTRO, Maria Eugênia de. *Dimensões do ser: reflexões sobre os planetas*. Rio de Janeiro: Hipocampo, 1991.

(3) *O Universo, os deuses e os homens*, Mitos gregos contados por Jean-Pierre Vernant. São Paulo: Companhia das Letras, 1999.

# Síndromes de Saturno

Pessoas com Saturno muito forte ou acentuado em seus mapas natais são possíveis portadoras das síndromes de Saturno. Elas também são chamadas de "tipos saturninos", ou simplesmente saturninos.

O que determina se a pessoa tem um Saturno forte em seu mapa natal?

- Ter Saturno em posição angular: quanto mais angular, mais forte será seu efeito sobre a personalidade do indivíduo. Ou seja, quanto mais próximo do ascendente, meio do céu, fundo do céu ou descendente, nessa ordem de importância, mais efeito terá. A orbe que usamos para os planetas em

conjunção com os ângulos é de 10 graus antes ou depois, e seu efeito antes do ângulo é notoriamente mais forte.
- Ter Saturno nas casas I, X, IV, VII, nessa ordem de importância, sem necessariamente estar em conjunção com o ângulo da casa, o que significa estar mais de 10 graus depois dele.
- Ter Saturno em aspecto tenso (conjunção, quadratura ou oposição) de até 5 graus com Sol, Lua ou ascendente.
- Ter Saturno em aspecto tenso com Mercúrio, Vênus, Marte e/ou regente do ascendente, em orbe de até 3 graus.*
- Ter Sol e Lua em Capricórnio.
- Ter planetas pessoais em Capricórnio.
- Ter um stellium em Capricórnio.
- Ter o ascendente em Capricórnio.
- Ter o regente do ascendente em Capricórnio ou em aspecto tenso com Saturno.
- Ter Saturno em conjunção com os Nodos Lunares, cabeça ou cauda de dragão, ou próximo a eles, por significar um processo inconsciente e por toda a orientação da vida do indivíduo ser na direção de Saturno ou oposta a ele.
- Ter Saturno na casa V, porque esta é a casa da identidade, e qualquer planeta ali se expressa**.
- Ter Saturno nas casas VIII ou XII, que são setores do mapa propensos a desenvolver processos inconscientes.

Alguns aspectos acima citados podem propiciar mais de um tipo de síndrome. Outros são mais genéricos e característicos de todos os saturninos que acessem o padrão de energia: o arquétipo de Saturno.

---

* É mais provável um homem desenvolver uma síndrome saturnina com Saturno/Vênus e uma mulher com Saturno/Marte do que o contrário.
** Com Saturno na casa V, a formação da identidade será saturnina ou ainda não haverá autoafirmação de identidade nenhuma.

# O mito de Crono

Como já vimos no mito da criação, Crono é o caçula de Urano que aceita livrar sua mãe do esposo, seu pai, e o castra com a foice dada por ela mesma. Depois que se apossa do governo do mundo, torna-se um déspota tanto quanto seu pai e passa a engolir seus filhos, com medo de que façam com ele o que fizera a seu pai. Crono foi identificado muitas vezes com o tempo personificado, já que tempo em grego é *Khronos*: por isso devora, ao mesmo tempo que gera; mutilando seu pai, estanca as fontes da vida, mas torna-se ele mesmo uma fonte, fecundando Réia, sua irmã e esposa.

Como um titã, que em grego significa rei ou soberano, simboliza as forças brutas da terra e por conseguinte os desejos terrenos em atitude de revolta contra o espírito. Juntamente com os Hecatonquiros e os Ciclopes, representa as manifestações elementares, as forças selvagens, a insubmissão da natureza nascente, simbolizando a primeira etapa evolutiva do homem. Ambiciosos, revoltados e indomáveis, adversários do espírito consciente, representado por Zeus, não simbolizam apenas as forças brutas da natureza lutando contra o espírito, mas exprimem oposição à espiritualidade harmonizadora. Sua meta é a dominação, o controle e o despotismo.

Porém Crono teve um fim de vida tranqüilo. Tão logo Zeus sentiu consolidados o seu poder e domínio sobre o Universo, libertou seu pai da prisão subterrânea e fê-lo rei da Ilha dos Bem-Aventurados, nos confins do Ocidente. Ali reinou Crono para todo o sempre sobre muitos heróis que, graças a Zeus, não conheceram a morte. Este destino privilegiado é, de certa forma, uma escatologia: os heróis não morrem, mas passam a viver paradisiacamente na Ilha dos Bem-Aventurados. Trata-se de uma espécie de recuperação da Idade do Ouro, do fim da vida, do inverno da vida, da velhice, representada também por Crono.(1)

# Palavras-chave associadas ao arquétipo de Saturno

*Expressão positiva*

A cabra da montanha, alicerces, alpinismo, ambição, ascensão, assinaturas, atingir metas, atenção, austeridade, autocontrole, autocrítica, autodefesa, autodeterminação, autodisciplina, autoexigência, auto-superação, autonomia, autoconhecimento, autoridade, auto-suficiência, bom senso, cargas pesadas, cargos administrativos/de confiança/de evidência/de governo/de prestígio/de responsabilidade, castidade, cautela, cerimônia, certeza, ciência, cientista, circunspecção, coerência, compromisso, concentração, concretização, confiabilidade, conservadorismo, consolidação, construção, contador, cronograma, cronologia, desafio, dever, determinação, dinastias, discernimento, disciplina, discrição, duração, durabilidade, economia, eficácia, eficiência, engenharia, esbeltez, escalada, esforço planejado, espera, espírito científico, esqueleto/dentes/ossos/pele/joelhos/ligamentos, estabilidade, *establishment*, estacas, estoicismo, estrutura/estruturação, etiqueta social, exatidão, executivo de sucesso, experiência, fidelidade, fiel depositário, finanças, formalidades, fronteiras, fundações, grande chefe, grifes, hierarquias, homem do campo, honestidade, instituições, integridade, introspecção, isolamento, legalidade, lei, limites, lógica, lucidez, maestria, manutenção, matemática, materialização dos ideais, maturidade, meio do céu, meio-dia, meniscos/tendões/articulações, mente fria e calculista, metas, moderação, montes e montanhas, monarquia, natureza prática, nível de excelência, noção de limites, noção de tempo, o eremita, o senhor do carma, objetividade, obrigação, ordem, organização, paciência, palavra de honra, parcimônia, passado, *pedigree*, pedras e pedreiras, perseverança, persistência, pesquisas, pessoas públicas, poder público, planejamento, poupança, praticidade, precisão, preservação, produtividade, profissional/profissionalismo, progresso, propósitos, protocolo, provas/concursos/testes/avaliações, prudência, precaução, prevenção, previdência, qualidade, racionalidade, razão, realidade, realização profissional, reconciliação, redução/contração, reflexão, regras, regulamentos, regularidade, reputação, reserva, resistência à dor, respeito, responsabilidade, restrição, ritual, sabedoria da maturidade/experiência, segurança, senso prático/de dever, seriedade, silêncio, sinceridade, sincronismo, síntese/resumo/condensação, sistema de defesa, sobriedade, sol a pino, solenidades, solidão, solidez, *status*, sucesso profissional/social/mundano, tempo, tesoureiro, trabalho/trabalhador/trabalho árduo, tradição, valores/valorização.(2)

## *Expressão negativa*

Aborrecimentos, acusação, adulador, alma velha/antiga, amargura, ambição desmedida, anacronismo, apatia, aposentadoria compulsória, atrasos, autoprivação, avareza, avidez pelo poder, azedume, bajulação, bode expiatório, caminho de pedras, capacho, capataz, cargas, carma, castração, censura, ceticismo exacerbado, cobrança, complexos, complicação, complexo de inferioridade, conservadorismo, convencionalismo exagerado, cristalização, crítica amarga, crueldade, culpa, demoras, depressão, desamor, desconfiança, desencorajamento, desestimulação, desistência, destino cruel, dificuldades/dureza, envelhecimento precoce, estático, falso *status*, fatalidade, fatalismo, feiúra, frieza, frigidez, frustração, funções subalternas, infância pobre, impasses, impedimentos, implacabilidade, incompetência, indiferença, inércia, infelicidade constante, inflexibilidade, insegurança, intolerância, inveja, isolacionismo, isolamento, lamentador, lentidão, limitação, má chance, má sorte, mágoa, magreza esquálida, marasmo, mau humor, medo, medo de pobreza, melancolia, mente calculista, monotonia, mudez constante, negação da felicidade, nostalgia, obstáculos, obstinação, opressão, paradas, pessimismo, pobreza, preconceitos, privação, projeção de rancor, rejeição, repetição enfadonha, repressão, resistência ao novo, retardamento, retrocesso, retraimento, retração, rigidez, rotina, ruína, saudosismo, secura, senilidade, sensação de falta, sentimento de culpa, servilismo, sofrimento, sombrio, sombra, soturno, subordinação, teimosia, temperamento artrítico, timidez excessiva, tristeza, vivência de pobreza, *workaholic*.(2)

## As síndromes de Saturno
### Síndrome da falta

Um dos significados fundamentais de Saturno está associado ao princípio de limite, condensação, restrição ou ainda essencialidade (de ficar com o essencial, com o mínimo). Nada nem ninguém trabalham melhor com o que é essencial, estrutural, com o que é do osso, do "esqueleto sem gordura", do que Saturno. Isso pode ser positivo e até muitas vezes necessário. Esse é o bom Saturno. Contudo, desse princípio de essencialidade também derivam os sentimentos de escassez, de pobreza, de insuficiência. Daí a desembocar na síndrome da falta é um pulo: basta uma pequena desarmonia.

Enquanto um Saturno bem utilizado se escora em um princípio minimalista, econômico, sintético, a síndrome da falta, apesar de também se escorar nesse princípio, desvia-o para a escassez, para a pobreza, para a indigência. O que ocorre aqui é um sentimento básico de carência, de que tudo vai acabar, vai faltar, não há o que chegue. Essa é a contabilidade saturnina: falta tempo, falta tudo; é um desprovimento, é o não ter ou ter muito pouco, quase o insuficiente. Esse sentimento de insuficiência faz parte desta síndrome.

É um comportamento do tipo contabilista, que conta miudezas, que guarda restos, que economiza tudo, que usa pouco os próprios recursos, que aumenta o caldo com água e não com ingredientes nutritivos. É alguém que está sintonizado no pouco, que tem com a vida uma relação de avareza, que não acredita nos fatores de multiplicação, abundância, fertilidade e prosperidade. Desenvolve-se aqui um comportamento em que as possibilidades são *a priori* limitadas. As chances focalizadas são as mais restritas, o enfoque se dá sempre no que está limitado, diminuído, impedido. É um olhar que foca automaticamente a ausência, a lacuna, o menos, o não ter. Ou que contabiliza prejuízos, quedas, perdas, setores que não evoluíram, safras que não deram resultado: só se investe e se crê na falta. O indivíduo se contenta, gasta energia, gasta tempo, centra a atenção nas características ausentes de uma situação, de uma pessoa, de uma circunstância e, principalmente, de si própria.

Para neutralizar esta síndrome, o indicado é não investir na falta, ou seja, não considerá-la acima das outras qualidades ou possibilidades. A ausência de uma qualidade qualquer não deve sobressair-se e, se possível, deve desaparecer no conjunto das qualidades mais positivas.

Para o portador desta síndrome, o que ele não é vale mais do que o que é; o que ele não tem ou não consegue vale mais do que o que tem ou consegue. Nesse caso, o não é mais poderoso que o sim, a frustração mais afirmativa do que a realização, e o que ele consegue é mais frágil do que o que ele não consegue; o débito é sempre muito mais energético do que o crédito.

É necessário nesse caso que haja uma reavaliação dos pesos e medidas na percepção da realidade e dos valores, com seu conseqüente reposicionamento. Não é que essa pessoa necessariamente tenha coisas de menos, ou que ela possa menos que os outros realmente, ou que lhe aconteçam coisas de menos. É que para ela o menos vale muito mais, e o mais é desconsiderado, não tem força para sobrepor o menos. Então o resultado é o desenvolvimento da sensação de falta.

Num caso desses já é difícil lidar com a sensação de escassez, pior ainda é no caso de a escassez ser real – em momentos que se tem realmente pouco, em que se está realmente sem recursos, sem amigos, sem perspectiva, o que é natural acontecer em alguma fase da vida, nos ditos ciclos de retração. Isso ecoa e repercute dentro da pessoa, dominando completamente seu imaginário, de modo que o que realmente está acontecendo de limitador em sua realidade concreta cria dentro dela um espasmo de ausência e de pobreza que toma conta de todo o seu ser e a paralisa, impedindo-a, inclusive, de tomar atitudes objetivas que possam reduzir o impacto da situação. A pessoa fica tão tomada pelo espírito da escassez que vira o fantasma dela: vira a própria pobreza, a própria escassez.

Quando o fantasma da falta toma conta da pessoa, ele assume o comando da psique, e a pessoa se neutraliza totalmente como agente, tornando-se uma "miséria ambulante", algo que ela sempre teve medo de ser. Isso gera uma reação, que reverbera e amplia seu sentimento original de escassez até mobilizar a pessoa por completo, a fim de secar seus recursos, ou imobilizá-la para recrutar novos recursos.

Esses sintomas são freqüentes em pessoas com histórias familiares de uma infância com parcos recursos, em famílias em que um dos pais ficou com todo o encargo da educação dos filhos, ou, ainda, em que um dos pais pode ter sentido que a tarefa de cuidar da família própria era maior do que seus recursos materiais, psicológicos, físicos, morais e emocionais. Há também histórias de famílias grandes, em que havia muitos para dividir o pouco de afeto, de atenção, de tempo, de dedicação, de comida. E essa criança absorveu tudo isso profundamente.

É comum encontrar portadores desta síndrome com aspectos de Saturno/Lua ou Saturno de casa IV. Eles terão a sensação de que a família, responsável pelo seu sustento, mal se agüentava sobre as pernas. Essa paisagem árida toma conta de todo o seu imaginário e desenvolve o sentimento de que se tem muito pouco não só materialmente, mas também emocional e moralmente; há pouco tempo e pouca saúde disponível. Essa pessoa tem a sensação de ter sido sustentada por uma coluna muito frágil e de que tudo pode vir abaixo ou ruir a qualquer momento. De alguma forma, houve privação na infância, real ou imaginária, material ou afetiva, e o que foi transmitido foram só quadros de escassez.

É como se a pessoa tivesse introjetado um universo desértico, glacial, árido, em que não se pode ter acesso a uma natureza exuberante, tropical, verdejante, úmida, fértil. É quase que uma descrença no processo cíclico e fertilizante da própria natureza e da vida.

## Síndrome do final infeliz

Esta síndrome é um desdobramento da síndrome anterior. Muito possivelmente quem tem a síndrome da falta acaba desenvolvendo também esta.

Seu portador tem uma relação com o pessimismo e com uma negatividade latentes, o que sempre antecipa um final infeliz. A tendência é antecipá-lo para diminuir a frustração, imaginando para qualquer assunto tudo que possa dar errado. Por exemplo: em caso de férias, pode chover; em caso de liquidação, podem acabar os artigos que me interessam; em caso de procurar emprego, as vagas devem estar todas preenchidas; em caso de procurar um apartamento, os melhores devem estar fora de meu orçamento; em caso de um encontro amoroso, esse homem ou essa mulher já deve ter um pretendente; e por aí vai.

A idéia dominante é: não vai dar certo!

A atitude adotada é a de bombardear de maneira sádica a mente e o astral com pressupostos negativos, desvendando um final infeliz para naturalmente se precaver dele e diminuir o impacto da frustração para não sofrer: esperar o pior para que não venha o pior. É uma tentativa de imunização contra a dor.

Essa atitude pessimista e negativa é derivada de uma deformação de percepção, de uma avaliação míope da vida e dos fatos. Parte-se do pressuposto de que a vida não é generosa e pune os esperançosos; de que a vida é madrasta e não é mãe; de que o universo conspira a favor dos obstáculos. Esse pessimismo quase doentio também tem outra retórica, que é a de se acostumar à frustração. É prever o pior, se acostumar ao não, para não se frustrar com o não.

Essas pessoas aumentam muito as possibilidades de insucesso em suas vidas porque o proclamam o tempo todo. Na verdade, elas se defendem do sucesso e da realização conclamando todos os obstáculos, quer verbalmente, quer mentalmente, comportamental ou animicamente, para de certa forma impedi-los.

Elas pensam assim: "Se eu acreditar que as coisas podem dar certo, eu vou abrir meu coração... E, se eu abrir meu coração, vou sofrer muito se der errado. Eu não preciso colocar esperança na minha vida para depois só ter o trabalho de retirá-la".

Nestes casos, existe uma fundamentação emocional que interdita o sucesso, proíbe o benefício, o ganho, a felicidade e a realização. Essa fundamentação pode vir de três fontes distintas:

a) *culpa* (a mais provável de todas): "Eu não posso ter isso (no sentido de proibido, não no sentido de incapacidade), porque outros à minha volta não têm ou não tiveram", "porque, se eu tiver isso, eu aniquilo ou destruo alguém, ou então provo para alguém que ele é incapaz".

A mensagem é a seguinte: "Não fiquem preocupados, porque eu também não estou dando certo, eu estou tão prejudicado quanto vocês! Eu não sou melhor do que vocês!"

Isso pode acontecer com pessoas de classe social mais baixa que ascenderam, com pessoas que pertencem a minorias raciais e também a qualquer tipo de situação na qual se sobressaíram. Elas se sentem inadequadas porque provam, à grande maioria que ficou, que eles também poderiam se sair bem mas não conseguiram.

b) *desmerecimento*: "Eu não mereço nada porque não sou suficientemente bom para isso. Eu não consigo as coisas porque não sou suficientemente bom para tê-las".
Isso pode ser oriundo da infância, quando alguma figura de autoridade, um progenitor ou tutor "pregou" essa tese, que passa a fazer parte deste personagem. Ou, ainda, quando houve uma identificação com alguma figura de autoridade na infância que não foi suficientemente capaz e abandonou o barco.

c) *a crença de que a pessoa é vítima de uma maldição do destino ou da má sorte*: A mão cega do destino resolveu persegui-la, e para o seu azar, na sua vez, caiu justo a má sorte. Essas pessoas não crêem na sorte, mas crêem no azar. Acreditam simplesmente que no jogo da vida caiu uma má rodada em sua mão, uma carta ruim: "Comigo é assim mesmo! Na minha vez sempre dá errado! Para os outros é diferente, mas para mim é assim. Que falta de sorte!"
Neste caso, a pessoa não se sente nem um pouco responsável ou diretamente participante dessa área de sua vida que dá errado: não é ela, é o azar! Ela não acha que fez alguma coisa errada, inadequada ou mal colocada. Ela acha que é algo exterior a ela: "São cartas marcadas de um jogo". Esse sentimento é muito comum no caso de aspectos tensos entre Saturno/Sol, Saturno/Lua, Saturno/Marte, Saturno/ascendente, porque a pessoa tende a acreditar que há uma inadequação das circunstâncias em relação a ela.

## Síndrome do patinho feio

Um dos efeitos devastadores de um Saturno desarmonioso recai sobre o autoconceito, causando uma síndrome especialmente forte nos casos de Saturno/Sol, Saturno de casa I, Saturno de casa V, Saturno/Vênus (em mapa de homem), Saturno/Marte (em mapa de mulher).

Esta síndrome agrava os erros e problemas na auto-avaliação e conseqüentemente na auto-estima.

A pessoa tem um baixo conceito sobre si mesma, faz uma avaliação deficitária de suas qualidades, não gosta de si, não aprecia as próprias características.

Isso pode derivar de três fontes:

a) *Auto-exigência excessiva ou perfeccionismo*: a pessoa imagina que para ser alguém de valor é preciso ser perfeita. O valor é conjugado à perfeição, e, nas áreas em que ela não se julga perfeita, vai se julgar sem valor.

Nesse caso, desenvolve uma síndrome paralela, que é a síndrome do acerto, isto é, "viver não é experimentar, viver é acertar!" Por exemplo: com um Saturno de casa X tenso com o ascendente, a pessoa mede a si própria por resultados, por índices de acerto e erro. Há um compromisso total com o acerto e, portanto, um igual temor do erro: "Não posso falhar".

Essas pessoas têm pavor de situações em que seu desempenho seja discutível, mediano ou falho. Por isso, geralmente se bloqueiam ou se negam a atuar em áreas nas quais não se sentem totalmente competentes. Sendo assim, o que passa a valer é a competência. Há por trás desta síndrome uma personalidade que precisa desesperadamente de sucesso para combater o fantasma do fracasso e, mais ainda, para garantir o índice de acertos e a comprovação de perfeição – e, por conseqüência, de valor.

Para essas personalidades, a autovalorização não é algo intrínseco, é algo que se prova e se sustenta com acertos, com aplausos e com sucesso. Para elas, o valor é extrínseco e é provado ou reprovado a cada circunstância. Portanto, uma situação de frustração, de baixo desempenho, de rejeição, de separação, de perda de um negócio, de desemprego, de falha sexual, é altamente comprometedora para elas, pois afirma o seu baixo valor: "Eu não presto para nada!"

É uma espécie de cobrança de uma dívida quase impossível de ser paga. A pessoa nunca chega a bons termos consigo mesma porque exige ser perfeita e competente 24 horas por dia.

Ela acredita que, se tivesse valor, coisas como desemprego, separação, falha sexual e outras não estariam acontecendo e que as pessoas de valor não passam por isso. Na verdade, ela deveria compreender que isso acontece a todas as pessoas. Ou melhor, um indivíduo não pode ser avaliado ou julgado por um único momento. Ninguém será brilhante ou perfeito o tempo todo.

b) *Sentimento básico de inadequação*: esse sentimento se verifica muito em Saturno de casa XII – a pessoa tem a sensação de que trouxe isso de nascença. "Eu não sirvo para este papel"; "Deram-me o papel da Cinderela e eu sou a Gata Borralheira"; ou: "Eu não sei o que é, mas há algo de errado em mim. Por isso as coisas dão errado comigo".

Saturno de casa I também pode causar esse sentimento. Nesse caso, a pessoa procura essa inadequação no corpo, que é a esfera de domínio desta casa. Ela acha que tem alguma coisa "de mais" ou "de menos" no próprio corpo: "Sou bonita demais e isso me atrapalha"; "Sou feia demais"; "Sou alta demais"; "Sou gorda demais ou de menos" – ou seja, há sempre algo errado!

A pessoa fica tentando achar sua imperfeição. Ela denuncia permanentemente seu erro, sua falta, sua falha e se expia, se culpa, se pune. Fica imaginando o tempo todo que as pessoas, a qualquer momento, vão descobrir tudo a seu respeito. Há uma tentativa de se corrigir ou de se aperfeiçoar.

Isso pode derivar de famílias cujas crianças conviveram em um meio social e econômico superior ao delas, ao qual sentiam não pertencer. Ou, ainda, crianças que estudaram em bons colégios com bolsa de estudos e iam para a escola de ônibus, enquanto os amigos iam de carro com motorista. Quando essas crianças passam para a fase adulta, sentem-se inadequadas, erradas ou julgam estar sendo censuradas, humilhadas.

Isso também é comum em famílias nas quais houve algum tipo de preferência por outro irmão, e a criança rejeitada imaginava: "Só pode ser porque eu sou horrível", como ocorre no caso de um Saturno tenso com Marte. Aqui, vê-se a diferença de afeto, de escolha, um é escolhido e o outro não. É comum também em famílias em que faltou suficiente atenção ao filho ou estímulo de um dos pais, e a criança acha que isso acontecia não porque o pai trabalhava demais ou por qualquer outro motivo, mas porque ela tinha alguma deficiência pessoal e não foi capaz de seduzir, de atrair bastante carinho, atenção e afeto para si.

Estamos aqui no cerne da questão do complexo de inferioridade e da antecipação da rejeição ou: "Eu vou lá, mas ele não vai me receber!"; "Vou ligar para ele e ele não vai saber quem eu sou!"

c) *Sentimento básico de culpa*: a pessoa tem uma predisposição para produzir culpa. É por culpa que ela exige de si mesma um padrão de desempenho tão alto ou tem um conceito tão baixo sobre si mesma. É como se não pudesse se sentir bem ou à vontade consigo própria ou, ainda, vitoriosa. Há um sentimento de culpa, de débito, de dívidas a pagar, pois alguém, em algum tempo, se esforçou demais para criá-la, para tê-la ou para sustentá-la: ela representou algum sacrifício, um ônus, um peso muito grande para alguém. Portanto, ela tem de pagar.

A pessoa que tem esta síndrome vive sempre em débito, e o único jeito de pagá-lo é sendo perfeita. Tem de compensar, tem de valer a pena o sacrifício, tem de retribuir para compensar.

Pessoas com Saturno/Lua acreditam que têm de compensar o sacrifício do parto, o dinheiro gasto com as fraldas etc.: "Eu tenho um débito por ter nascido, eu custei caro aos meus pais!" Essas pessoas costumam pagar por tudo e não aceitam favores, pois não podem arcar com mais esse ônus. Crescem com esse sentimento de desconforto, de que não foram bem-vindas ou queridas, que foram criadas por favor, que representaram um estorvo para alguém.

Paralelamente, vale associar a esse sentimento de culpa a necessidade de auto-exigência e de perfeição para compensar esforços alheios, um orgulho que não lhe permite aceitar nada nem ficar devendo nada a mais ninguém, porque já carrega uma carga de que tudo aquilo não foi de graça. O orgulho se desenvolve para não precisar dos outros, não dever favor a ninguém, não ter de pedir algo e receber. Cabe lembrar que o orgulho é sempre a contraparte da baixa auto-estima e outro sentimento associado a esta síndrome, próprio de um Saturno proeminente, é a necessidade de auto-suficiência e um verdadeiro horror a qualquer tipo de dependência – seja ela emocional, financeira, doméstica, afetiva, física ou outras.

## Síndrome da falta de reconhecimento

Essa é uma questão muito forte para qualquer saturnino. Quem tem Saturno proeminente em seu mapa, a certa altura da vida vai esbarrar na questão do reconhecimento.

Os saturninos se queixam porque fazem sempre muito esforço e os outros não reconhecem ou só criticam. Eles se empenham muito em sempre fazer algo, exaurindo suas forças. E os outros, em contrapartida, só lhes dão mais encargos e mais coisas para fazer, dizendo ainda que não estava bom. Isso é dramático e até cruel.

Em poucas configurações astrológicas a pessoa se sentirá tão injustiçada ou tão carente de reconhecimento pela vida e pelas pessoas como nas configurações de um Saturno desarmonioso. A pessoa com esta configuração tem um sentimento básico de que se esforça bem mais que os outros e se aplica, se qualifica, se aperfeiçoa, mas não tem o índice de retorno nem o reconhecimento a que faz jus.

Num Saturno harmonioso, a pessoa tem a nítida consciência de que o reconhecimento é derivado de algum esforço de sua parte. Já num Saturno desarmonioso, ela tem a sensação de que é lesada, de que, por mais que se esforce, nunca vencerá. Há uma desproporção. Isso ocorre pelas seguintes razões:

a) A própria pessoa se maltrata e não se poupa. Se ela mesma se maltrata, o que é que ela pode esperar dos outros?
b) A própria pessoa acaba tomando para si mais tarefas e mais empenho do que lhe caberiam. E não pede ajuda, não diz que está pesado demais para ela nem tenta negociar a sobrecarga. Quando fica doente, provavelmente não fala de sua condição... então como é que as pessoas podem adivinhar?

Num Saturno/Lua desarmonioso, é muito comum que seus portadores neguem sua fragilidade. Na hora em que alguém reconhece que está pesado para eles e tenta ajudá-los a aliviar um pouco a sua carga, trazer-lhes um pouco de conforto, eles desmoronam, choram muito... E mostram uma vulnerabilidade extraordinária, que o tempo todo tentaram esconder.

Nos aspectos de oposição, tende-se a projetar isso nos outros. É muito comum essa tendência se verificar em um Saturno/Sol ou Saturno de casa X.

*Observação*: uma pessoa com aspecto Saturno/Lua não é uma boa mãe de si mesma. Há momentos em que ela tem de relaxar um pouco e se permitir não ir trabalhar num dia porque está cansada, doente ou deprimida. Um Saturno/Lua, Saturno regente da casa IV, Saturno na casa IV ou Saturno em mau aspecto com o regente da casa IV não pode relaxar nunca porque essa casa tem relação com conforto interno, o que torna difícil à pessoa ser uma "boa mãe" para SI MESMA.

## Síndrome do *workaholic*

Esta síndrome deriva das síndromes saturninas anteriores. É o vício pelo trabalho, é uma tendência à ocupação, à hiperutilidade do tempo e à superprodutividade. Produzir é um tema-chave saturnino, porque o trabalho, de uma só vez, abarca uma série de componentes emocionais da personalidade saturnina:

a) Necessidade de provar seu valor.
b) Culpa.
c) Ambição.
d) Necessidade de segurança.
e) Auto-suficiência.
f) Sentimento de realização.

Então, estar em dia com as tarefas, realizar obras, ocupar o tempo de forma útil e produtiva, consolidar ganhos e promover resultados é estar em total sintonia com esta tendência saturnina.

São pessoas capazes de dedicar horas, fins de semana, feriados, noites a fio a alguma ação. E assim se sentem úteis, realizadas, nutridas, felizes, preenchidas... quando não, anestesiadas.

Essa atitude é adotada porque dá resultados. Se uma pessoa trabalha 18 horas por dia, seu trabalho rende, dá frutos concretos, materiais e, o mais importante, dá segurança. A área profissional é muito pouco frustrante para o investimento da personalidade. Na área material, se a pessoa se empenhar dessa forma, conseguirá vencer em algum momento.

E assim ela se assegura do retorno e tem controle sobre ele. Por isso, seu investimento ali é maciço, pois, quanto mais ela se dedicar, mais retorno terá, além de mais segurança, mais satisfação e mais resultados.

Para uma personalidade tão afeita à frustração e à falta, isso é uma maravilha! Para uma personalidade culpada, o esforço é benéfico: e até alivia. Para uma personalidade com problemas de avaliação, de saber o próprio valor, isso é um ganho.

**Observação importante**: os planetas Lua ou Marte em Capricórnio causam mais facilmente esta síndrome do que o próprio Sol no signo: a pessoa provavelmente tem problemas afetivos e emocionais e procura se nutrir e encontrar satisfação emocional na área do trabalho, produzindo. Nesses casos, o indivíduo está tentando extrair dessa área – que é pública, externa, que é o mundo – um sentimento de amor da casa IV, e não de poder ou de realização material como é próprio da casa X. O reconhecimento social e profissional desempenha o papel de um preenchimento afetivo e emocional.

Quando estão doentes, esses saturninos só relaxarão se for fim de semana ou feriado, pois, durante a semana, vão trabalhar doentes mesmo. São pessoas que costumam não tirar férias, não emendar feriados, inventar trabalho ou criar situações de responsabilidade quando poderiam apenas descansar. Estão sempre esticando o orçamento, inventando reformas na casa, troca de carro e outras desculpas para se obrigar a produzir mais. Portanto, estão sempre trabalhando no "limite", massacradas, cobrindo dívidas. E, assim que conseguem pagar a dívida, inventam outra. Costumam ficar deprimidas nos fins de semana, odiar feriados, mergulhar no trabalho até esquecer das refeições, esquecer de voltar para casa, relevar hábitos sadios como ir ao banheiro, dormir ou tomar água. Esquecem qualquer compromisso que não seja profissional e principalmente os que envolvem questões de saúde, como consultas médicas, exames etc. Em decorrência disso, têm pouca disponibilidade, pouco tempo, vontade, espaço e criatividade para o lazer.

Os *workaholics* costumam exigir do lazer uma eficiência que é própria da área de produção de uma fábrica, e não, por exemplo, do restaurante em que estão. Costumam ser intolerantes com qualquer tipo de espera, implicam com o garçom e com o atendimento, acabam se estressando e ficam tensos, exigentes; nas horas vagas, ficam irritadiços com as atividades recreativas e com os serviços mal prestados nessa área. É como se o prazer tivesse de dar certo para compensar o fato de não estarem trabalhando. Eles se sentem culpados demais para usufruir a vida prazerosamente e temem a frustração que a disponibilidade para o prazer possa acarretar.

Os portadores desta síndrome podem ter sido adolescentes ou crianças inseguros, tímidos, retraídos e até muito solitários que aprenderam a compensar essa carência ou esse isolamento nos estudos ou em tarefas impostas no lar pelos pais. Mais tarde, não conseguem adquirir a descontração, o descompromisso, a alegria, a satisfação, a espontaneidade e a entrega que o prazer solicita para ser vivido.

Como conseqüência, têm a personalidade desgastada, com problemas de saúde crônicos e um nível de intolerância assustador. Isso ocorre porque não há lazer. Este, que é assunto da casa V, funciona como recriação. É lá que o indivíduo se recria energética, anímica e fisicamente. É lá que renasce, relaxa e se renova.

Vale observar que a nossa cultura encara o prazer, o lazer e a satisfação como inúteis. A idéia da felicidade é colocada como algo inacessível, impossível e está sempre vinculada à idéia de consumo. Não é estimulada a busca pela satisfação pessoal decorrente de um estado interior de adequação, de ajuste e de bem-estar.

## Síndrome da sobrecarga

Esta síndrome deriva da crença de que "ninguém faz melhor que eu!". Aqui, acredita-se somente na própria eficiência: se deixar que os outros façam, não vai dar nada certo. Esses saturninos duvidam que alguém possa realizar as tarefas com igual desempenho e acabam assumindo para si todas as funções e encargos que poderiam ser delegados. A sensação de sobrecarga vem dessa atitude de tomar para si a responsabilidade de muitos, mesmo quando não é preciso; ou de assumir mais encargos do que dá conta, de "segurar a barra" sozinho. É um sentimento de que o mundo depende deles para girar, de ser responsável sozinho pela sobrevivência de uma relação, de uma empresa, de uma família. Há uma imensa dificuldade em delegar tarefas, em deixar "cair a peteca" com relação à parte que não lhe cabe.

Isso advém muitas vezes de uma personalidade controladora, exigente e muito insegura: "Se não fizer, ninguém vai fazer!" No fundo disso, há um sentimento remoto de abandono que resulta no desenvolvimento de personalidades parasitas à sua volta. Há também um sentimento de sobrecarga freqüentemente psicológico, emocional ou ilusório. Muitas vezes, o que se vai fazer nem é tão pesado assim, mas o que se sente é um assoberbamento *a priori*. Além disso, às vezes, a pessoa não tem realmente de cumprir tal tarefa, mas se obriga a fazê-lo. E, em muitas situações, sua ação é dispensável e desnecessária.

Pode ter faltado na infância, e isso é muito comum, um pai suficientemente ativo, típico de Saturno de casa I, e pode ser que a pessoa tenha – precocemente – tido de ser pai de si mesma ou pai dos irmãos em uma época na qual não dispunha de condições nem de estrutura para enfrentar tal responsabilidade. Isso causa, na fase adulta, três comportamentos-padrão:

a) Excesso de rigidez, para suprir a falta de estrutura.
b) Sensação de sobrecarga, que já é um hábito desde a infância.
c) Insegurança ou sensação de incapacidade.

Esses comportamentos criam nesses saturninos um sentimento de responsabilidade pela estrutura, derivado da função paterna. Eles tomam para si a função de "pilar", "viga mestra", "coluna vertebral" de qualquer situação ou fenômeno.

Quando Saturno funciona de maneira ressonante, dá à pessoa um senso de responsabilidade, de capacidade de engajamento e projeto, de eficiência nos compromissos e prazos, de realização do que lhe cabe. E tudo isso é gratificante. Porém, quando Saturno atua de maneira dissonante, como é o caso da síndrome, acrescente-se a isso tudo um sentimento de peso, de estresse, de sobrecarga, de medo: "Se eu não segurar, cai tudo!"

Na maior parte das vezes, o que se verifica é que essa pessoa está permanentemente cansada, exausta, quando não exaurida, pois segura nos ombros um prédio, nas costas uma ponte, tem visíveis sinais físicos de cansaço, ombros tensionados, cervical enrijecida, maxilar contraído, axilas e plexo solar fechados, um ar permanentemente prevenido e por vezes apavorado. Esse comportamento tem suas raízes em um sentimento básico de insegurança, de que o prédio, a ponte, as estruturas podem ruir, de que o mundo à sua volta pode degringolar, de que as coisas podem sair do eixo e ela perder o controle. E de que alguém como ela deve estar por perto, atento, a par de tudo, no controle, alerta e vigilante, gerenciando e administrando a máquina para que tudo funcione.

O sonho dessas pessoas é encontrar um gerente, um administrador, um parceiro em quem possam confiar o suficiente para repassar o fardo, o ônus e relaxar um pouco. Há por trás disso muito medo, desamparo e solidão, um nível de estresse que se apossa delas quando detectam qualquer falha de operação, quando suas ordens não são cumpridas, quando a máquina ameaça falhar ou parar, quando alguma coisa estraga, quando um funcionário falta, quando algo sai da ordenação. Aí vem o estresse até que tudo seja reposto em ordem.

## Síndrome da precaução

Esta síndrome é universal entre os saturninos. Eles costumam desenvolver as tendências à síndrome de falta e também a esta síndrome.

Partindo do pressuposto de que temos um indivíduo com um nível de negatividade alto e com uma fantasia ou um imaginário repleto de situações de escassez, de falta, de pobreza, além de um sentimento básico de que a vida não vai colaborar, teremos aqui a semente da síndrome da precaução, em que o indivíduo desenvolve um arsenal de recursos prontos para ser acionados como salva-vidas em caso de pane.

Esse indivíduo se cerca de um número infinito de artigos de segurança, prevenindo-se de tudo. Desde o simples guarda-chuva (um no carro, outro na bolsa, outro no escritório) para não ser pego desprevenido pela chuva, passando por documentos xerocados e autenticados com mais de uma reserva e chegando a várias cópias de chave. As reservas de passagens são verificadas e reverificadas com antecedência e até antes de sair de casa, porque o vôo pode ser cancelado ou algo pode ter acontecido e ele não ter sido avisado. Portanto, ir ao aeroporto pode ser perda de tempo.

Antes de sair de casa, tudo é examinado para ver se não está faltando nada de que possa precisar, como comprimidos para dor de cabeça ou mesmo tesourinhas. Os portadores desta síndrome levam em suas bagagens objetos que talvez sejam úteis em ilhas desertas, mas se esquecem de que estão indo para uma cidade grande onde existem farmácias, supermercados, hospitais e onde tudo pode ser encontrado, comprado, reposto. Para eles, o importante é se sentirem seguros e plenos em sua auto-suficiência, afastados e poupados o máximo possível de qualquer traço de aventura, uma característica jupiteriana.

A crença é de que um sinistro pode ocorrer, pois, para eles, o normal é que um sinistro aconteça. Surpresa é se não acontecer! Ou seja, algo de ruim e desagradável sempre pode ocorrer, e eles são capazes de enumerar de antemão, para cada circunstância, todas as saídas. Isso é muito comum em pessoas com Saturno na casa VIII, uma das áreas do mapa astrológico em que o inconsciente atua autonomamente, e esta pessoa já conta com o nefasto não como possibilidade, mas como realidade.

A casa II se refere a tudo que é palpável, concreto, mensurável e já aconteceu ou está acontecendo: é o fato e é o objeto. A casa VIII, por oposição à II, se refere a tudo que ainda não aconteceu ou se desconhece que aconteceu, que está no terreno do obscuro, que não é apreendido pelos sentidos. Portanto, quando se tem Saturno na casa VIII, pode-se supor, sem muita chance de errar, que o que virá será negativo. Há um pessimismo antecipado em relação aos assuntos de natureza não palpável, não visível, que escapam ao conhecimento.

Com a Lua ou planetas como Netuno na casa VIII, a pessoa é mais sensitiva e pode pressentir os acontecimentos. Com Saturno nessa casa, constrói-se racionalmente uma série de obstáculos nefastos, sem que haja nenhum sinal concreto, pois não há a sensibilidade para detectá-los. Se na maior parte das vezes não acontece nada de nefasto, isso não ameniza essa tendência. Mas, se numa só vez acontecer algo não previsto, bastará para acentuar esse comportamento.

A crença de que, no caso de acontecer um sinistro, se não pode contar com a sorte cria o lema: "Não deixe nada ao acaso!" Eles acreditam que, se o acaso ocorrer, não terão chance de escapar. Sua capacidade de improviso é muito baixa e o nível de atração pela aventura é praticamente nulo. Há muito medo de ser exposto a situações difíceis ou de a vida lhes tratar com rigor. Por isso, seu nível de desconfiança na capacidade alheia é muito grande. Acreditam que as pessoas são ineficientes e negligentes em suas funções e que eles, os saturninos ou os responsáveis, precisam estar prevenidos para corrigir possíveis erros.

Esse tipo de sentimento é muito comum em pessoas que viveram algum tipo de desamparo ou sensação de falta de estrutura precocemente, e que, por isso, sentem necessidade de antecipar ameaças para preveni-las, criando estruturas que as amparem o tempo todo de forma sólida, evitando colapsos, caos e insegurança. Assim, é necessário precaver-se, proteger-se, prevenir-se, ter tudo acertado, garantido, seguro, verificado e duplicado anteriormente. Portanto, todo o arsenal de segurança é freqüentemente revisto e reforçado.

## Síndrome do construtor de barricadas

Saturno é o mestre das barricadas, um construtor de muralhas. Esse comportamento advém da criação de uma série de estratégias defensivas cujo objetivo é expor-se o mínimo possível e tornar-se invulnerável. A intenção é sempre baixar o nível de vulnerabilidade, de fragilidade; é se tornar quase inatingível material, emocional ou afetivamente. Nos portadores desta síndrome há um anseio pela imunidade: eles querem descobrir todas as armadilhas da vida para que nenhuma os pegue. Seu lema é: "Não se expor para não se vulnerabilizar".

Qualquer Saturno em desarmonia leva a pessoa a ser um mestre na construção de muros, de defesas, de barricadas. Enquanto Marte funciona como um guerreiro armado para defender, combater ou atacar qualquer coisa que ameace ou invada o território do "eu" – objeto este que é visto por Marte como um adversário e ao qual ele reage –, Saturno funciona inversamente, na defesa: ninguém entra e ninguém sai. O jogo é fechado: ninguém faz gol, mas ninguém toma gol. Na verdade, nada acontece.

As barricadas podem ser desde um afastamento físico, uma defesa física, um escudo energético que ninguém consiga penetrar, como um olhar indiferente, frio, crítico, esquivo ou até mesmo altivo, superior, desinteressado, que afasta de imediato possíveis interessados nele, até um comportamento totalmente solitário, que torna a pessoa celibatária, reclusa e anti-social. Há nesses indivíduos uma tarja energética em que se lê: "Não se aproxime!" ou "Eu não lhe dei intimidade para...!"

Esse retraimento do mundo externo para dentro de si é uma tentativa desesperada de defender sua vulnerabilidade, de não ser atingido, afetado, ofendido e, portanto, magoado, prejudicado, ferido ou simplesmente frustrado. Fecha-se como uma ostra, pois quem mora lá dentro é alguém extremamente frágil, com um enorme medo de ser atingido e de ter sua vulnerabilidade descoberta. Quem mora lá dentro é alguém com uma auto-imagem tão precária que tenta se esconder de tudo e de todos para que não a descubram. Esse alguém tem uma enorme desconfiança com relação aos seus semelhantes e não acredita que se possa realmente gostar das pessoas de graça, ou que elas serão gentis e generosas com suas eventuais falhas. Em conseqüência disso, esse indivíduo tem receio de ser deixado na mão, de contar com alguém e não ser atendido, de se ver frustrado nas suas expectativas de relacionamento, de amizade, de troca. Busca assim absoluta auto-suficiência e só conta consigo mesmo.

Há também um grande medo de ser criticado, ferido, condenado, ridicularizado, julgado quando se mostra vulnerável. Há receio de que a platéia não seja magnânima; por isso, ele nunca se expõe. Assim, ninguém pode acertar o alvo, ninguém pode saber onde atacar ou onde bater, porque ninguém sabe onde dói. Por mais que você mire, não conseguirá acertá-lo, porque não conhece seu ponto vulnerável. E se você o encontrar, ele jamais vai confirmar o seu acerto.

O mais grave para ele não é tanto ser atingido; o pior é demonstrar que o foi. Por isso, o que importa é não se expor. Quanto mais abalado e afetado estiver, mais frieza e mais controle demonstrará.

Esses indivíduos disfarçam a vulnerabilidade e revidam ridicularizando o outro. A princípio, aparentam frieza, e em seguida a resposta é humilhar e fazer o outro se sentir arrasado. Quando sentem que as defesas não são suficientes, eles desaparecem, não atendem ao telefone, se fecham até recompor suas defesas e ter condições de enfrentar o problema novamente.

Há uma tendência também de substituir por trabalho, produtividade e empenho profissional toda a vulnerabilidade que a alma possui, buscando no silêncio e na solidão o consolo para suas atribulações. Além de haver uma forte tendência de se defender negando os sentimentos, diminuindo a sua importância, gelando-os e ridicularizando-os. Os saturninos têm suficiente treino, disciplina, prática e autocontrole para isso. Quando sentem que algo ou alguém pode ser importante demais para eles, ou que pode arrebatá-los de algum modo, imediatamente cortam o vínculo até que aquilo volte a estar sob seu controle. E o mais importante como defesa é a garantia de que aquele sentimento não vai vazar. Isso é muito comum com Saturno em aspecto desarmônico com Netuno – principalmente quando houver planetas pessoais envolvidos.

## Síndrome do controle

Esta síndrome deriva da anterior e da necessidade de administrar todos os fatores que, de alguma forma, possam atingir seu portador.

A urgência aqui é de manter a estrutura organizada – seja das coisas, dos sentimentos ou das situações. Tudo que sair da jurisdição da estrutura apavora esses saturninos. Além da estrutura, não há vida inteligente. O desconhecido, o irracional, o passional, o animal, o selvagem, o explosivo, o impossível, o louco, o obscuro, o mágico, o misterioso, o sensível, o sobrenatural não têm lugar ao sol.

Aqui se buscam os parâmetros da razão e só se confia no racional para segurar as rédeas da vida e manter o trem nos trilhos. A razão é soberana e é ela quem decide que rumo dar aos sentimentos, às paixões, às sensações, aos impulsos, aos desejos, aos anseios, aos sonhos. Há uma tendência à contenção, a gerar limites, a normatizar o comportamento e ordenar cada detalhe da vida. Se houver algum impacto causado por uma pessoa, um sentimento ou uma circunstância, o impacto será avaliado dentro da sua estrutura. Se o impacto for ameaçador, o saturnino declara: "Estou fora", nem que lhe custe a felicidade. Ele só vai aceitar uma situação se sua estrutura puder suportar.

A avaliação sobre o impacto ocorre da seguinte maneira:

a) "Qual o significado do que está acontecendo na minha estrutura?"
b) "A minha estrutura suporta isso?"
c) "Mesmo que isso se passe comigo, a minha estrutura se manterá?"

Há um medo muito grande de que a estrutura quebre, de que ele não agüente, de que seus ossos se partam. Há um temor enorme do que acontece fora da estrutura, fora da razão, e um verdadeiro pavor da perda de controle. Sendo assim, tudo que acontece com o saturnino passa pelo crivo do controle: "Se eu puder controlar ou até onde eu puder controlar, eu vou; a partir daí não vou mais". E a situação, relação ou proposta será afastada, recusada, cortada ou subtraída até que se retome o controle.

Para tanto, as emoções serão suprimidas, e os sentimentos, subtraídos. Há uma economia de afeto, de entusiasmo, de esperança, de sonho, porque tudo o avassala e o vulnerabiliza. Os instintos, o lado selvagem e o lado impulsivo serão domados ou até eliminados para não causar danos e perdas. Desenvolve-se aqui um procedimento distanciado, frio, afastado de quase tudo, uma racionalidade feroz, um ceticismo para se crer pouco e desejar menos ainda. E há, principalmente, uma enorme rigidez consigo, com os demais, com os excessos, com a vida, com as incumbências, com as tarefas, com os horários.

A capacidade de negociar, de ser flexível e manejar a vida conforme o que acontece é quase nula. Ao contrário, o saturnino desenvolve um padrão ou um procedimento e aplica-o à vida: é ela que tem de caber dentro do padrão e não ele que deve caber dentro da vida. O importante é não transgredir, não violar a lei. Há nessas pessoas uma enorme dificuldade em relaxar, em soltar o corpo e a alma. Elas têm de voltar logo às suas tarefas, às suas obrigações, aos seus afazeres, têm de voltar a ficar ocupadas, preocupadas.

Há um medo *a priori* de todos os estados redutores de controle, como a paixão, a surpresa, a intensidade, o remédio (que altera o estado de consciência), a bebida, as drogas, os anestésicos, a hipnose, as terapias catárticas, os sonhos ou qualquer situação em que o inconsciente possa tomar a frente e reduzir o estado de vigília, atenção e alerta. As doenças psíquicas são muito temidas, mas o temor pelas moléstias em geral também está presente, porque uma doença pode colocar esse indivíduo numa situação parasitária, improdutiva, fora do controle de sua vida e, pior de tudo, numa situação de dependência.

Há casos de composições tensas entre Saturno/Netuno nas quais se observa uma predisposição ao alcoolismo, justamente como uma saída ou uma fuga. Essa saída é vista como a única forma de o saturnino conseguir se dissociar de um controle rígido, da estrutura que o amordaça e o prende: por meio de um artifício químico ou ainda de outras drogas. As configurações tensas entre Saturno e Netuno no mapa natal ou em sinastria podem delatar o receio da intensidade do outro (no caso da sinastria) ou da intensidade da paixão, dos arrebatamentos, dos aprofundamentos. Por isso, reforçam-se a rigidez e o controle.

A rigidez que amordaça e aprisiona o indivíduo é uma couraça de limites, obrigações, horários, estruturas, que se refletem muito claramente na rigidez física, provocando freqüentemente males na coluna vertebral e nas articulações. É como se a pessoa tivesse de reter com muita força as rédeas de um animal nascido para correr. Isso é especialmente forte no caso de um Saturno proeminente num mapa com fortes configurações com planetas transpessoais, Netuno/Sol/Saturno, ou Lua/Saturno/Marte, ou ainda quando há forte predominância em signos de fogo, ascendente em Áries, Sol em Leão. Esta síndrome também é freqüente nas configurações de Saturno/Vênus ou aspectos tensos entre Saturno/Urano, que demonstram uma personalidade particularmente ousada e afeita a impulsos libertadores. Nesse caso, há um conflito entre a contenção e a liberação.

## Síndrome da queixa ou "transformando príncipes em sapos"

Esta síndrome advém de um comportamento afeito a queixas, lamúrias e concentração em assuntos penosos ou em aspectos difíceis do tal assunto. Os portadores desta síndrome gostam de reclamar e são viciados em enumerar e listar para si próprios e para os demais, fatos desagradáveis que lhes tenham ocorrido, relação de infortúnios e frustrações correntes ou grandes dificuldades que tiveram na vida. Chegam a telefonar para outra pessoa para se queixar e contar tudo que aconteceu detalhadamente no seu dia, que, via de regra, são coisas que acontecem a milhões de pessoas comumente, como falta de dinheiro, dificuldades no trabalho, dificuldades com os filhos, frustração afetiva. E, se faltar assunto, queixam-se do trânsito, do mau tempo, do calor e de que tudo está difícil. Acham que com isso se confortam ou se descarregam energeticamente do mau momento. Na verdade, queixam-se para não resolver o problema.

Há um conforto pessoal, um prazer, um alívio em se lamentar. Se alguém lhes propuser uma forma de alívio, eles encontrarão mil desculpas para não acatar. Adoram expor problemas e obstáculos, adoram apoiar-se sobre o peso da necessidade, adoram piorar as coisas ou serem eles os portadores das más notícias; e adoram quando finalmente as coisas dão errado. Isso é típico em aspectos Saturno/Quíron e Saturno/Plutão: há prazer em ampliar os aspectos negativos de uma questão.

O problema é que a queixa assume o lugar da solução; é como se a frustração aquecesse o coração. Há uma tendência a exaurir a situação pelo seu lado menos favorável e a selecionar ou registrar os fatores desfavoráveis de uma situação benéfica, como: "O sapato é bonito, mas não é da cor que eu queria"; "O vôo foi confortável, mas atrasou"; "A comida é boa, mas o ar-condicionado é fraco".

Outra característica desta síndrome é: "Isso só acontece comigo!" ou: "Que azar ganhar essa passagem logo agora que eu não posso ir!" Nesses casos, há no fundo um sentimento ou um complexo de perseguição.

## Síndrome do "eu não posso, mas gostaria tanto!"

Esse "eu não posso" é completamente subjetivo. Na realidade, a pessoa pode. É uma frustração auto-imposta, pois não é da vida nem é real, mas sim a raiz desta síndrome. Seus portadores criam para si próprios impedimentos e obstáculos quando se referem a coisas que gostariam muito de realizar, como: "Eu gostaria muito de assistir a esse filme, mas não tenho tempo". No entanto, arrumam tempo imediatamente se alguém solicitar um trabalho extra. Ou dizem: "Eu gostaria muito de fazer uma viagem, mas não tenho tempo nem dinheiro", mas dinheiro e tempo aparecem imediatamente se resolverem comprar um aparelho doméstico ou fazer uma reforma no banheiro.

É uma configuração típica de Saturno de casa V, Saturno em aspectos difíceis com o regente da casa V, Saturno em quadratura com Marte, Saturno em conjunção com Marte. Aliás, Saturno/Marte é o maior boicotador de tudo que possa dar prazer: "Eu quero, mas não posso fazer o que eu quero!" está na raiz da questão do "Eu não tenho permissão, eu me proíbo de ter isso ou de fazer aquilo que quero e de que gosto; mas não me proíbo de fazer o que eu não quero e o que não gosto. Para isso, eu disponho de recursos, de meios, de dinheiro, de companhia, tempo, idéia, criatividade. Justamente para o que eu não quero".

Aspectos Saturno/Vênus nos tornam especialmente obtusos para a relação pessoal. Há um bloqueio, uma obtusidade em relação aos afetos. A pessoa desconhece aquilo que naturalmente agrada o outro. Nos aspectos de oposição, sempre se tende a projetar o sentimento. É muito comum identificarmos essa tendência em um Saturno/Sol, Saturno de casa X ou Saturno/Lua, em que, como já dissemos, a pessoa cuida mal de si mesma.

Vênus está relacionado com o princípio de atração. Tudo que agrada uma pessoa ou a torna agradável é veiculado por Vênus. Qualquer um que tenha Vênus ressonante sabe agradar: é o tom de voz, é o presente que traz, é o charme que faz, é o perfume que usa, a maneira de olhar, de se vestir, o que diz... Tudo é agradável.

Quando a pessoa tem uma dissonância de Vênus, não percebe que há atitudes a tomar para obter resultados venusianos, como ligar para alguém só para saber como ele vai. Isso seria agradável, cativante. A pessoa que tem um Saturno/Vênus não consegue tratar os assuntos venusianos com sutileza e sensibilidade. E produz, inconscientemente, um complexo de rejeição, porque é ela que não consegue ser agradável. É um olhar invertido da relação, projetado no outro.

### Síndrome da solidão ou da exclusão

Esta é uma síndrome derivada da anterior. Muitos saturninos desenvolvem um sentimento e comportamento solitários, inicialmente como medida de autoproteção e depois por medo de não ser aceitos. Por causa desse estilo de sobrevivência à própria custa, acabam desenvolvendo um processo progressivo de auto-isolamento.

Esses saturninos possuem um sentimento atávico de ser excluídos, de não fazer parte, de não se agregar, não pertencer, estar de fora, estar só. Disso deriva um sentimento de rejeição, que desemboca em desamor e solidão. Essas pessoas se defendem do isolamento com mais isolamento, com mais auto-suficiência, com mais independência e mais reserva, o que provoca afastamento ainda maior do outro.

## Sugestões de cura para as síndromes de Saturno

Seguem algumas sugestões ou procedimentos a serem utilizados na tentativa de cura dos sintomas saturninos.

### – *Desenvolver flexibilidade*

A primeira transformação a ser feita começa pelo próprio corpo, por meio de técnicas e práticas como ioga, massagens, relaxamento, alongamento, dança, natação ou qualquer terapia corporal que promova descontração, maior flexibilidade e diminuição da tensão.

Paralelamente ao trabalho com o corpo, deve-se desenvolver uma política pessoal mais flexível, que lhe permita negociar melhor consigo mesmo os horários, as tarefas e as condutas, o que também exige uma flexibilização da mentalidade saturnina que deseja sempre controlar tudo.

### – Desenvolver a auto-estima e a solarização

Devemos lembrar que um dos antídotos de Saturno é o Sol, regente natural da casa V, o setor do mapa que rege a auto-expressão da identidade, o reconhecimento das próprias capacidades, o desenvolvimento de talentos pessoais e da criatividade, a consciência de ser particular em algo, o amor a si próprio, a identificação com a vida que leva, o desenvolvimento do sentimento de autoria.

O importante, aqui, é buscar desenvolver qualquer processo que estimule a solarização, a autoconfiança, o amor-próprio e, principalmente, o automerecimento.

Procure fazer coisas de que gosta, reduza as atividades menos gratificantes e, se tiver de fazê-las, escolha a forma e o momento mais agradáveis para desempenhá-las, de modo que aquela atividade não incomode tanto nem se torne ainda mais pesada.

### – Desenvolver os sentimentos e a afetividade

O outro antídoto de Saturno é a Lua, regente dos sentimentos, das águas, dos afetos, da intimidade. Recomenda-se adotar uma atitude afetuosa, demonstrar carinho, sair de trás do muro do egoísmo, da autoproteção, da autopreservação, do cordão de isolamento, estar com os outros, dar presentes, telefonar só para saber como os amigos estão, homenagear em vez de criticar, elogiar em vez de apontar os erros, encorajar, dar apoio e atenção.

Para lidar com a sensação de isolamento, é aconselhável desenvolver sentimentos de receptividade, aproximação, intimidade, acolhimento, que são componentes lunares para agregar, entrar, penetrar, permear, umedecer, amar.

### – Pensar positivo

Recomenda-se trabalhar a mente e o pensamento para operar sempre no campo das possibilidades e não das impossibilidades. Deve-se pensar e criar um campo de abundância, de fartura e de ganho, para combater o sentimento essencial de lacuna, de falta, de escassez.

É aconselhável se pautar pelo conceito da casa XII, setor do mapa no qual se encontra o celeiro dos bens universais, muito útil para combater esse sentimento de "não tenho" ou "comigo não acontece". Tentar desenvolver justamente o contrário, percebendo que há muitos momentos em que parece que uma "mão invisível" trabalha por nós e acreditar nela, pois assim ela poderá operar melhor.

A casa XII tem relação com os bens da humanidade. Todo mundo pode ir lá e sacar daquela conta, que é universal, humanitária, generosa. Se lhe faltar do seu, se lhe faltar do público, do coletivo, ainda há o celeiro universal para lhe prover. Dali, alguma coisa se pode retirar; ali todo mundo tem crédito. Ali, há esperança para todos, saúde para todos, amor para todos; os bens são de natureza universal e os recursos são inesgotáveis, ou seja, não dependem de você. Dali pode sair de tudo, até mesmo uma idéia, uma intuição, um *insight* que vai ajudá-lo. Dali sempre se recebe.

### – Mudar o sistema de crenças

Neste caso, é preciso trabalhar a casa IX, que é a casa da filosofia de vida, das crenças, dos códigos morais e éticos, dos valores universais. A criação de um novo sistema de crenças é quase uma nova alfabetização: em vez de "Eu creio que vai dar tudo errado", deve-se alterar para: "Eu creio que as coisas boas virão e só me trarão benefícios".

### – Buscar terapias que atuem sobre o padrão energético

Dado o alto nível de bloqueio causado pelo enrijecimento e principalmente pela atuação maciça de pensamentos, crenças e sentimentos negativos que criam couraças, é bem possível que os saturninos estejam "entupidos" energeticamente. Nada entra, nada sai, nada acontece.

Nesse caso, é recomendável mudar o padrão energético, o que abrange relaxamento, trabalhos com chacras, cristais e florais, massagens, banhos, curas prânicas, acupuntura e limpeza do astral, removendo a carga deixada pelo tempo, a fim de retomar uma relação dinâmica com a vida.

Há trabalhos reveladores com os chacras, seja o do plexo solar, que rege a auto-estima, seja o do plexo cardíaco, que se relaciona com a dificuldade em doar e em receber afeto, ou ainda o do plexo frontal, que rege a mente, a razão, o juízo (ver "Os chacras").

*– Repensar valores*

Compreender que, por mais que você faça a sua parte no que precisa ser feito, tem algo que não cabe a você, que é a parte do outro, que é a parte do mundo, que é a parte do acaso, que não é da sua alçada. Com base nisso, você precisa aprender a entregar e confiar. Isso remove um enorme peso dos ombros.

*– Aprender a fazer tudo com amor*

Recomenda-se aprender a fazer as coisas não apenas de modo bem-feito, mas feitas também com prazer, com amor, com arte, com alegria, leveza, satisfação, certezas e sem dor, sem peso, sem ônus, sem culpa, sem dúvidas. Deve-se fazer tudo com o coração, que é sempre valente e confiante.

Você verá como a roda do Universo girará em outra direção, e será na sua! Em todos os casos, é aconselhável e muito útil desenvolver mentalização e visualização de paisagens onde tudo seja verdejante, cresça, brote e germine.

**Referências bibliográficas**

(1) BRANDÃO, Junito de Souza. *Mitologia grega*. v. I e II. Petrópolis: Vozes, 1986.

(2) CASTRO, Maria Eugênia de. *Dimensões do ser: reflexões sobre os planetas*. Rio de Janeiro: Hipocampo, 1991.

# Síndromes de Urano

Pessoas com Urano muito forte ou acentuado em seus mapas natais são possíveis portadoras das síndromes de Urano. Elas também são chamadas de "tipos uranianos", ou simplesmente uranianos.

O que determina se a pessoa tem um Urano forte em seu mapa natal?

- Ter Urano em posição angular: quanto mais angular, mais forte será seu efeito sobre a personalidade do indivíduo. Ou seja, quanto mais próximo do ascendente, meio do céu, fundo do céu ou descendente, nessa ordem de importância, mais efeito terá. A orbe que usamos para os planetas em

conjunção com os ângulos é de 10 graus antes ou depois, e seu efeito antes do ângulo é notoriamente mais forte.
- Ter Urano nas casas I, X, IV, VII, nessa ordem de importância, sem necessariamente estar em conjunção com o ângulo da casa, o que significa estar mais de 10 graus depois dele.
- Ter Urano em aspecto tenso (conjunção, quadratura ou oposição) de até 5 graus com Sol e Lua.
- Ter Urano em aspecto tenso com Mercúrio, Vênus, Marte ou regente do ascendente. (Principalmente Urano/Marte, com orbe de até 3 graus.)
- Ter Sol e Lua em Aquário.
- Ter planetas pessoais em Aquário.
- Ter Urano em conjunção com um dos Nodos Lunares, cabeça ou cauda de dragão, por significar um processo inconsciente e por toda a orientação da vida do indivíduo ser na direção de Urano ou oposta a ele.
- Ter Urano na casa V, porque esta é a casa da identidade, e qualquer planeta ali se expressa.
- Ter Urano nas casas VIII ou XII, que são setores do mapa propensos a desenvolver processos inconscientes.
- Ter Urano em aspecto tenso com Saturno.
- Ter Urano em aspecto tenso com Júpiter.

Alguns aspectos acima citados podem propiciar mais de um tipo de síndrome. Outros são mais genéricos e característicos de todos os uranianos que acessem o padrão de energia: o arquétipo de Urano.

## O mito de Urano

Urano representa o céu, o infinito, ou melhor, representa as possibilidades ainda não formadas, tudo que é possível ser ou vir a ser. Urano simboliza a liberdade absoluta, pois nada está formado.

Da cópula entre Urano e a Terra (Gaia) nascem seus filhos – que são por ele rejeitados, devolvidos ao seio materno, significando a falta de sensibilidade de Urano, que chega ao cúmulo de rejeitar ou não assumir sua prole.

Até que a mãe, Terra ou Gaia, em cumplicidade com Crono (Saturno), seu filho caçula, planeja castrá-lo. A castração de Urano por Crono significa o corte das possibilidades infinitas para que algo de concreto se estabeleça. Desta castração nasce Afrodite, a deusa da beleza e do amor, mas também a deusa dos desejos, dos valores e das escolhas.

Foi preciso haver a intervenção de um limite, foi preciso haver uma escolha, Afrodite, para que o mundo das possibilidades infinitas cessasse. Portanto, quem tem problemas de castração, tem problemas de escolha.

As síndromes de Urano são similares ao Caos, que é o estado de pré-manifestação, de algo que ainda não se comprometeu, aquele estado em que tudo é possível e provável. Há que se ter um caminho, e esse caminho só se estabelece quando se limita, quando se escolhe, se dá forma e se constrói alguma coisa.

Os portadores destas síndromes são os indivíduos da pré-castração. Eles acreditam que qualquer delimitação, comprometimento, escolha ou caminho fecha, afunila, sufoca, diminui, retrai. Então reagem: "Deixa eu cair fora".

Só assim estarão sempre em estado de liberdade, não só no sentido do usufruto das suas escolhas, mas no sentido de que não estarão pré-moldados, pré-conduzidos para nenhum caminho, tornando todos possíveis.

As pessoas que têm esta questão da castração bem resolvida dentro delas são aquelas capazes de fazer uma escolha, de permanecer nesta escolha e de nutri-la. Sabem que aquele caminho escolhido é um dos possíveis e que o possível está ao seu alcance. Elas suportam a idéia de que o resto lhes foi tirado, agüentam viver sabendo que poderiam "ter" outras escolhas, mas que como está também está bom. Depois da castração, Urano viveu eternamente só, longe da Terra, do feminino, dos filhos, seus frutos, no infinito frio e distante do Universo.

## Palavras-chave associadas ao arquétipo de Urano

*Expressão positiva*

Aeroespacial, aeronáutica, afinidades, agente de transformação, amizade, amor à liberdade, anticonvencionalismo, astrologia, astronomia, atalho, atualização, audácia, autenticidade, autonomia, ciência, confraternização, cooperação, criatividade, democracia, descoberta/descobridores, descontinuidade, desdobramento/desenvolvimento mental, desobstrução, desvio de rota, eletricidade do corpo, eletrônica, encontros inesperados, espaço, esperança, excentricidade, excitação mental, expansão de consciência, expressão franca/direta, extraordinário, futuro antecipado, futurologia, humanitarismo, idealismo, imprevisibilidade, inconformismo, independência, inovação, instabilidade, instigador de mudanças, intelecto/intelectuais, intuição, invenções, leis universais, liberação, liberdade, métodos novos, mente superior, renovação, novas idéias/*insights*, o amigo, o bizarro, o céu, o diferente, o iluminado, o impensado, o inadmissível, o inesperado, o insólito, ocultismo, oportunidade, originalidade, participação, percepção mental, permissividade/autoconcessão, pesquisas, porta-voz do grupo, prazer na liberdade, projeto, promotor de mudanças, raio X, recriação, reformador, relacionamentos livres/liberais/liberalidade, renovação, revelação, revolução/revolucionário, rompimentos, rupturas, senso de oportunidade, ser ímpar, simpatia, sistema nervoso autônomo, socialismo, solidariedade, subitaneidade, surpresa, técnicas avançadas, tecnologia, terra sem fronteiras, ufologia, universalidade, vanguardismo, velocidade mental, yang.(2)

## Expressão negativa

Agitação, agressividade, anarquia/antigoverno, assexualidade, auto-suficiência, aversão ao belo e ao verdadeiro, brusquidão, choques, cólera, complexo de inferioridade, contestador, convivência difícil e aborrecida, criador de casos, crítica amarga, curto-circuito, desacordo constante, desafinação com o todo, desastres, desequilíbrio, desobediência, desordem, desleixo com a aparência/com a higiene/com a saúde, despropósito, destruição, dificuldades de dar e receber, dificuldades afetivas, ditador/tirano, doenças nervosas, egocentrismo, escândalo, esnobismo, estrelismo, excentricidade, excesso de vaidade, explosão, exibicionismo, extravagâncias, falsa noção de liberdade, falsidade, falso renovador, falta de moderação, gerador de crises, grosseria, hipervoltagem cerebral, *hippie* de butique, homossexualidade, idéias fixas, inadequação, impermeabilidade, imprudência, incoerência, inconfiabilidade, inconveniência, inflexibilidade, ingratidão, insegurança afetiva, insensatez, insensibilidade, insubmissão, inviabilidade, irreverência, lapsos mentais, libertinagem, mau-caráter, mau gosto, militância rebelde, mudanças repentinas e sem planejamento, nervosismo/neurastenia, o agitador, o caótico, o compulsivo, o gênio, o herético, o impessoal, o obsessivo, o politiqueiro, o profano, o temperamental, perturbação, ponto alto de crises, promiscuidade, provocação/provocador, rebeldia, contestador, rigidez de opiniões, rupturas, sabotagem, secura, ser contra pelo prazer de contrariar, estresse, subversão à ordem, tensão constante/máxima, teorias impossíveis/utopias, terremotos, tremores de terra.(2)

# As síndromes de Urano

## Síndrome do eterno escape

Este comportamento é próprio das posições fortes de Urano no mapa e é traduzido por uma necessidade imprescindível de espaço e liberdade.

O indivíduo tem uma relação neurotizada com a liberdade. Ele tem um "radar" fora do comum para detectar qualquer tipo de proximidade, circulação, penetração ou intimidade, e isso é típico de quem tem Urano na casa XII. Esse seu radar capta se há alguém querendo se aproximar e reage à "corrente" física, afetiva e emocional.

Como conseqüência, ocorre o desenvolvimento típico de um comportamento fóbico, próprio de quem precisa de muito ar, muito espaço, muita liberdade de movimento. Qualquer cobrança ou compromisso é visto com aversão. Há um verdadeiro horror à idéia de fechamento e o compromisso é sentido como uma restrição.

Os uranianos gostam de viver soltos, descomprometidos, com a vida em aberto, sem dar satisfações e sem pressões.

As relações e as situações são vividas da forma mais periférica possível, sempre de fora e à margem, e eles estão sempre prontos para sair pela porta lateral caso dê vontade.

Esses indivíduos não gostam de ir a compromissos acompanhados, pois assim podem ficar livres e ir embora quando quiserem, ficar se desejarem, conversar com quem quiserem.

Eles também não gostam de depender de alguém ou de ter dependentes; não gostam de dar nem de pedir carona; não gostam que contem com eles, assim como não contam com os outros também. Procuram funcionar de forma ímpar, prontos para cair fora, se for o caso, e, mais do que isso, só consultando a si próprios.

Esse apego excessivo à liberdade é sinal de uma infância em que o indivíduo pode ter sido muito sufocado ou exigido. Ou, ao contrário, o relacionamento com os pais foi de muita distância. Isso é chamado de "prisão da liberdade". Esses indivíduos acabam se tornando individualistas, frios e distantes. Eles escondem o medo de se entregar e o medo da solidão, atrás de um discurso intelectual sobre a liberdade. Há no fundo um grande problema de "entrega", de limites, de castração. Afinal, Urano representa o céu, o espaço, o infinito.

O uraniano portador desta síndrome tem necessidade de se sentir disponível para o que surgir e não quer estar amarrado a escolhas prévias. É incapaz de fazer escolhas. Por quê? Porque ele quer se sentir completamente livre para o que surgir. Ele quer prescindir da escolha.

Quando ocorre esta síndrome envolvendo o planeta Júpiter, isso é levado aos extremos. Nos indivíduos que têm aspectos tensos entre Urano/Júpiter isso é muito forte, porque Júpiter rege, entre outros atributos, a vontade.

Aliás, a combinação Sagitário/Aquário é aquela das pessoas que declaram: "Não me peguem; não me contornem; não me limitem; não me segurem".

Aspectos tensos entre Urano/Marte também podem desenvolver esta síndrome, pois seus portadores acreditam que sua vontade tem de ser satisfeita imediatamente.

A escolha envolve, de qualquer maneira, um comprometimento da vontade.

## Síndrome do separatismo basco

Todo mundo conhece, há séculos, a manipulação terrorista do separatismo basco. O país Basco, uma província da Espanha, sempre tenta separar-se do resto do país e, de tempos em tempos, ameaça fazê-lo, às vezes por meio de terrorismo.

Esta é uma típica síndrome uraniana. A ameaça diante de qualquer deslize, confronto, problema ou indisposição num relacionamento é solucionada com uma proposta de rompimento, nunca de conciliação: "Já que você não gosta de banho quente, é melhor a gente se separar".

Sempre a melhor alternativa será a separação, jamais a reconciliação, jamais a negociação. É muito mais "barato" para o uraniano cair fora. Cortar, ir cada um para o seu lado, resolver o próprio problema são situações que podem ocorrer em qualquer relação, seja de que ordem for: comercial, afetiva, profissional ou familiar.

O uraniano acredita que, diante de uma situação inoportuna, a solução é a separação. Portanto, quando você for reivindicar ou reclamar de algo para um portador desta síndrome, aguarde um corte.

Essa atitude é um ato inteiramente autoritário, pois, como manejam muito bem o "corte", para eles não é sofrido nem complicado.

E por que eles manejam tão bem o corte? Porque eles nunca "estiveram" inteiramente naquela e em nenhuma situação: estão sempre armados e preparados para sair fora dela. Na verdade, desde sempre estiveram com um pé do lado de fora desse barco.

## Síndrome da criatividade incessante

Os uranianos têm necessidade de viver situações constantemente novas, inusitadas, eletrizantes, inquietantes, marcantes, a cada momento de suas vidas.

A turma do "tédio" é a legítima portadora desta síndrome. Se a cada momento você tirar da cartola um coelho, será só uma atuação medíocre. E eles dirão: "De novo? Outra vez a mesma coisa?"

A necessidade que os plutonianos têm de "intensidade" é substituída nos uranianos por uma necessidade de novidades fornecidas incessantemente pela vida, pelas relações, pela carreira profissional, pelo dia-a-dia. Se não for assim, eles se tornam enfastiados.

Tal fastio só é reproduzido em igual proporção pelos jupiterianos: "Onde está a aventura?", ou pelos adolescentes em dia de festa: "Onde é a outra festa?"

O indicado aqui é que eles mesmos se encarreguem da própria criatividade, que aliás é algo bem fácil para eles. Mas não: eles exigem que os parceiros, os familiares, os amantes, as situações da vida produzam os momentos eletrizantes dos quais tanto necessitam.

Então eles se queixam da regularidade das pessoas, da monotonia das situações, da falta de engenhosidade da vida. Olham para os outros com reprovação: "É só isso que você tem para me oferecer hoje? Não tem nada de 'genial'?" Aliás, a palavra "genial" é uma palavra uraniana.

Com isso, o parceiro sente-se na obrigação de oferecer um argumento brilhante por minuto, um roteiro inusitado por dia, uma idéia genial a cada instante, e de ser um mágico que tira da cartola um coelho por espetáculo. Mas não demora muito e já estará o uraniano outra vez perguntando: "Você só vai tirar coelhos dessa cartola?" É claro que eles próprios, muitas vezes, não fariam melhor, mas são exigentes expectadores de novos espetáculos, de novos quadros da vida.

Quando uma situação não lhes fornecer esses espetáculos, partirão para outra: outra empresa, outra relação, outra cidade, outro grupo, em busca de novidade. Os uranianos são consumidores vorazes de novidades.

A pessoa que convive com este tipo de uraniano, quer em relacionamentos afetivos, profissionais ou familiares, vai se sentindo cada vez mais medíocre. E toda pessoa nova é um desafio, porque tem algo para oferecer que ainda não foi vivido por ele.

## Síndrome da novidade

Derivada da síndrome anterior, esta leva a pessoa a pensar sempre no novo. Algo como: "Está visto, está visto. Está feito, está feito!"

A tendência do portador desta síndrome é se cansar e se exasperar com a repetição, com o prolongamento e com a rotina, seja ela profissional, afetiva, familiar ou social. Ele tem uma atração irrefreável pela novidade, que sempre lhe soa espetacular, genial e criativa, só porque é nova.

Há uma inquietação constante, há uma queixa contínua quando a vida não produz algo novo, desafiante, eletrizante, para que ele se sinta vivo, em ritmo frenético, sempre.

### Síndrome da impermeabilidade

Esta síndrome está associada a um comportamento tipicamente uraniano relacionado com o fato de Urano representar uma energia seca e fria. Por isso, as coisas tendem a se fragmentar ou estilhaçar para fora deles. Eles não são permeáveis, penetráveis ou facilmente atingíveis, ao contrário da energia netuniana, em que tudo penetra e tudo envolve, se entrelaça e se funde.

Para os uranianos portadores desta síndrome, as coisas se passam fora deles, sem entrar, sem fazer parte, sem penetrar. Falta o componente úmido. É a umidade que faz que as vivências penetrem no indivíduo e ele se inter-relacione por completo. Se pegarmos um galho e ele estiver seco, facilmente o quebramos. Se estiver com seiva, umidificado, não conseguiremos quebrá-lo.

Os elementos úmidos são o ar e a água. A água é fria e úmida. Ela penetra, umedece, internaliza e liga. O ar é quente e úmido, mas funciona de dentro para fora: é um elemento positivo, centrífugo, yang. O ar externaliza se liga fora. Por isso, os signos de ar são os mais afeitos às relações sociais e de amizade do que às afetivas ou emocionais. Já a terra e o fogo são secos, objetivos, autocentrados em seus interesses.

Apesar de Aquário ser um signo de ar, Urano, seu regente, não é. Ele é seco e frio e, por isso mesmo, tem a facilidade de romper, de partir, de largar, o que se justifica porque esses indivíduos nunca estiveram "dentro", nem identificados com a situação ou com a pessoa. Eles não sentem que as coisas lhes dizem respeito. Ao contrário, conseguem estar dentro de uma situação e achar que aquilo não tem nada que ver com eles, que aquilo não lhes atinge, podendo chegar a ter bastante frieza e não serem tocados ou sensibilizados pelas situações ou pelas pessoas. É como se possuíssem uma imunidade, uma qualidade refratária. Chantagens emocionais ou ataques de nervos não atingem nem vulnerabilizam esse tipo de indivíduo.

O portador da síndrome da impermeabilidade é aquele com o qual você não pode contar. Quem sofre muito nessa relação são os portadores das síndromes de Plutão e Saturno.

É muito comum encontrar um plutoniano antagonizando essa posição, porque esse tipo de comportamento gera uma reação obsessiva do outro lado.

## Síndrome de "uma coisa não tem nada que ver com a outra"

Esta síndrome é oposta às síndromes netunianas. Ou seja: a síndrome netuniana incapacita o seu portador a fazer discriminações. Para ele, tudo está ligado e tudo é colocado no mesmo saco; nada é separado. Sua grande dificuldade é impor barreiras e limites. Ele entrelaça ingredientes que não são compatíveis, não são misturáveis e acredita que, na confusão, ninguém nota.

No caso da síndrome uraniana, ocorre exatamente o oposto, pois uma coisa não se comunica com a outra. Tudo é separado; há um excesso de discriminação. São pessoas que muitas vezes exigem dos outros discriminações impossíveis de ser feitas. Para eles, é como se não existisse o fator "envolvimento".

Por exemplo, alguém com Urano em quadratura com Vênus é capaz de dizer: "O fato de eu ter relações sexuais com outra pessoa ou namorar outra pessoa não quer dizer que não goste de você. Você está misturando as estações: uma coisa não tem nada que ver com a outra". Ou ainda: "O fato de estarmos separados não quer dizer que não possamos continuar nos encontrando. Por que você está misturando as coisas?" Ora, porque é o mesmo coração e a mesma pessoa, tanto a que ficou magoada quanto a que se quer que seja amiga. E isso os uranianos não podem entender. Eles acham que é idiota, medíocre ou antiquado exigir algum tipo de compromisso.

Para eles, o fato de fazer uma coisa não exclui a outra porque tudo é separado, desvinculado da outra parte, numa lógica e distanciamento imbatíveis: "O fato de eu não gostar de 'fulano' não impede de ser amigo dele e de freqüentar sua casa".

Um assunto não afeta o outro porque na realidade o portador da síndrome se afeta muito pouco. Há uma descontaminação absoluta. Meia hora atrás, ele se desentendeu com você, mas agora quer sentar junto para desenvolver um trabalho, dizendo que uma coisa não tem nada que ver com a outra: "Agora é outro assunto, não misture as estações".

**Síndrome do "clique"**

Esta síndrome está ligada à eletricidade do planeta Urano, à faísca elétrica, ao "liga-desliga".

Essa é por natureza a dinâmica da energia uraniana – ligar e desligar. Os uranianos vivem disso. De uma hora para outra, eles "clicam" um desejo por outra pessoa, por exemplo, como uma corrente elétrica. No entanto, esse desejo é vulnerável e apaga logo. Tem grande impacto, mas pouca sustentação.

Urano é o planeta mais eletrizante do Sistema Solar. Quando sob seu efeito, seja por trânsito, por aspecto, por sinastria ou no próprio mapa, a pessoa se iguala a uma máquina ligada na corrente elétrica com o máximo de voltagem: pode dar choque e grudar-se em outras pessoas.

O uraniano é atraente, tem algo que eletriza os outros. Por exemplo, pode entrar num elevador e, de repente, olhar para alguém e ser tocado por aquela "corrente elétrica". Ele "clica" e fica a fim da pessoa, fica "aceso". No dia seguinte a mesma situação se repete e... nada acontece. Desligou o termostato.

Isso acontece não apenas no campo erótico, mas em qualquer situação, até mesmo numa idéia. Passada a corrente, ele "esvazia" e desliga. Pode "clicar" novamente, lá na frente, só não se sabe quando. Eles vivem um pouco à mercê disso e não se preocupam em criar elementos reguladores. Para eles, é como se a vida fosse assim mesmo.

Quando o indivíduo é menos neurótico, ele cria um tipo de mecanismo, como um "estabilizador de voltagem". Os mais neuróticos, portadores desta síndrome, se deixam "queimar". Eles não entendem que precisam fazer algum esforço sobre essa queda violenta da voltagem, para recriar uma situação de equilíbrio, dar continuidade ao projeto, seja ele qual for. Para eles, é simplesmente: "Eu não estou mais a fim, me 'desliguei' da idéia".

Há neles uma tendência de: presença/ausência, pico/baixa e com isso muita "queima de aparelhos". Até que aprendam a se conhecer, a neutralizar-se, leva muito tempo.

É típico dos portadores desta síndrome conviver com uma pessoa durante muitos anos e de repente olhar para ela e se apaixonar. De uma hora para outra.

Outra característica importante destes uranianos: quando bate o "clique", nada os fará evitar a ação, pois para eles nada tem o gosto de um momento como este. A sensação da corrente elétrica gera adrenalina no corpo. E eles passam a vida esperando por isso.

Os contatos Urano/Marte podem vir a gerar distúrbios até no nível da sexualidade, em que os uranianos passam por um período despertos para o sexo, seguido de outro em que estão completamente desligados.

Esta síndrome uraniana é muito difícil de curar porque os prejuízos são pequenos para o portador; e mesmo os prejuízos causados não são tão significativos nem acarretam tantos transtornos assim. Eles são tão motivados a procurar outras alternativas que o prejuízo, muitas vezes, é sentido como benéfico.

## Síndrome da ansiedade

Todo uraniano é bastante ansioso. A ansiedade é uma crise de antecipação que não é a mesma coisa que a preocupação. A preocupação é saturnina. O uraniano sofre do mal da antecipação, de trazer o futuro para o presente.

Ele atrai a carga energética correspondente ao momento que vai viver para o momento que está em curso. Aliás, esta é uma das características da intuição, de que os uranianos são tão providos. Há neles um deslocamento para o futuro, seja da mente, do espírito, da idéia, do desejo. Isso faz desejarem precipitar sempre os acontecimentos, transferindo para o momento um sentimento de emergência. E não agüentam ficar parados.

Sua ansiedade é decorrente de dois estados:

1. Acrescentar à situação difícil que estão vivenciando elementos que não são necessários. E, então, a ansiedade dispara.
2. Projetar temporal, geográfica e emocionalmente uma situação para o futuro.

Netuno é a contrapartida disso, o par que pode tolerar este indivíduo ansioso, pois só um netuniano poderá acompanhar alguém que nunca se deixa controlar.

O uraniano só pode fugir de algo que ele pressente que possa se apoderar dele. Por isso, nunca veremos um uraniano fugindo de um jupiteriano, outro amante da liberdade.

É muito comum ocorrer esta síndrome em pessoas cujos mapas possuem aspectos tensos entre Urano/Saturno, já que este é a antítese de Urano no quesito controle. Os contatos tensos entre eles farão que Urano entre na relação para testar o seu controle.

## Síndrome do acaso

Esta síndrome é universal e retrata o gosto pela informalidade, por deixar tudo para combinar depois, deixar as coisas acontecerem para ver como é que ficarão: "A gente vê depois"; "A gente conversa na hora"; "A gente vê como fica, dependendo do resultado".

Para esses uranianos é como se a vida pudesse ser levada com todos esses espaços em aberto e as outras pessoas estivessem à sua mercê, sempre prontas e dispostas a atendê-los na hora que resolverem.

Eles preferem lidar com os embaraços que surgem no momento, com a criação de um improviso que forneça atalhos, a ter a coisa preestabelecida ou antecipadamente resolvida, planejada. E, se alguém pressionar um pouquinho, eles já ficam ansiosos, pois sofrem de claustrofobia.

Quanto mais imprevisível, mais solto, mais descartável e à vontade estiver, tanto melhor.

Os contatos tensos entre Urano/Saturno, apesar de serem geracionais, sempre promovem a tentativa de conciliar essas duas forças:

- "Até que ponto estou disposto a produzir algo de positivo na minha vida, algo concreto, efetivo, construtivo?"
- "Até que ponto estou disposto a negociar minha liberdade e meu espaço com a minha vontade?"
- "Até que ponto minha rebeldia (Urano) às estruturas (Saturno) me prejudica?"
- "Até que ponto, estruturando uma vida, cumprindo compromissos, estabelecendo regras, alcançarei o que desejo sem me cercear?"
- Até que ponto eu consigo continuar criando novas oportunidades, novos espaços, sem me restringir?"
- "Até que ponto o que produzo não compromete minha criação?"
- "Até que ponto o que crio consigo reproduzir?"

Essa é uma dialética séria, porque é mítica, arquetípica no homem. Num aspecto tenso entre Saturno e Urano, por exemplo, o indivíduo tem a impressão, porque não é real, de que quando se compromete com determinados segmentos de conduta ou de escolha, seja profissional, familiar ou afetiva, tem uma grande perda no sentido criativo.

Essas pessoas acreditam que a estrutura compromete a liberdade. Elas não conseguem enxergar ou imaginar estrutura, criação e liberdade conjugadas, convergindo. Geralmente são pessoas que caem fora de situações justamente no momento em que elas estão para se consolidar. É o medo da castração: "Se eu ficar, vou para o buraco".

Ao contrário, no caso da predominância de Saturno no mapa, o indivíduo monta uma vida estruturada, faz escolhas duradouras e teme ameaças de experiências mais livres, teme relaxar, teme ousar. Para ele, um mínimo de espaço é transgressor.

Há uma resistência às experiências mais inovadoras, mais soltas ou mais criativas, por medo de Urano comprometer uma estrutura, uma organização, um funcionamento, um resultado que, muitas vezes, está garantido. Há um conflito interno entre ordem e rebeldia, estrutura e liberdade, estabilidade e ousadia. Quando encontramos esses contatos Saturno/Urano e reconhecemos uma personalidade extremamente rigorosa, já sabemos que esse conflito está ocorrendo.

## Síndrome do viciado em adrenalina

Esta síndrome atinge as pessoas que chegam a se tornar viciadas em ansiedade, em eletricidade ou na palpitação que a adrenalina causa. São pessoas viciadas em estresse. Elas se sentem confortáveis em estado de estresse e resistem a sair dele. São pessoas que, em estado de estresse, se sentem mais saudáveis, mais vívidas do que nunca.

Essa sensação que deixa a maioria de nós agitados, angustiados, afobados e nos paralisa é, para os portadores desta síndrome, um alimento estimulante de vida. Eles se sentem energizados, sadios, interessados no assunto, inteligentes, soltos, revigorados, dispostos, alertas.

Esses uranianos acabam vivendo suas vidas a mil por hora, deixam tudo para o último momento, têm sempre muita coisa para fazer, marcam atividades simultaneamente, pressionam as horas do dia com afazeres superpostos e gostam de se deslocar para lugares diferentes. Todo esse movimento cria o espasmo e a pressão, o que lhes dá um imenso prazer.

Quando a vida dá uma "esvaziada" e fica menos alegre, ou quando o ritmo fica mais normal, os uranianos não se sentem bem, perdem vigor, perdem capacidade, perdem inteligência.

São indivíduos geralmente viciados em ingredientes químicos que produzem excitação, como cafeína, cocaína, estimulantes, guaraná em pó – tudo que faça o coração bater forte. Nunca tomam um "chazinho" antes de dormir e muito menos um banho quente.

São aqueles que chegam cinco minutos antes de o avião partir; quando todos à sua volta estão em grande tensão, e eles, inteiramente estimulados, pois, para eles, isso é o que se parece com vida.

## Síndrome do "o amor dura uma estação"

A fugacidade é muito valorizada nesta síndrome. O sentimento por tudo que é passageiro, temporário e transitório cresce. Tudo que promete não perdurar interessa mais. Se estiver com aparência de que vai acabar, está melhor do que nunca. Há aqui uma grande atração pelo esporádico.

Isso parece estranho para a maior parte de nós, que entende os encontros amorosos pelo viés da possibilidade de continuidade e da duração que eles representam.

Esta síndrome é comum nos aspectos tensos entre Urano/Lua e Urano/Vênus. Tudo que tem "cara" de passageiro, de que vai durar poucas horas, de que não terá amanhã desperta neles a função amorosa: "O amor dura uma estação".

Para os uranianos portadores desta síndrome, o amor funciona melhor – ou surge melhor – num espaço de tempo comprimido. Por exemplo: as duas horas de almoço são mais que suficientes para o nosso encontro.

A sensação de estar livre e disponível é o que move esses corações. Livre inclusive para um novo amor; a sensação de disponibilidade que eles tanto prezam faz que suspirem de alívio quando o companheiro viaja, se afasta, se despede, ou vai fazer algo de seu. É muitas vezes incompatível com a concepção usual que ter um relacionamento amoroso é estar junto do outro. Para eles é assim: "Se você realmente me amasse, dispensaria estar comigo, porque o amor sobrevive à distância".

Os portadores desta síndrome preferem se relacionar com quem é comprometido e buscam parceiros casados, pessoas bígamas. Podem se relacionar com pessoas que moram em outra cidade ou até em outro país, assim a esporadicidade será um ingrediente da relação.

Toda aproximação será seguida de uma distância ou afastamento, como eles tanto apreciam. E, nos intervalos, farão aquilo que querem e como querem.

A imprevisibilidade é outra sensação que lhes dá prazer: estar junto quando se tem vontade e não quando tem de estar. O discurso deles é o seguinte: "Você quer o quê? Que eu me obrigue a vir? Prefere que eu venha obrigado ou quando eu quiser?"

Sem antecedência, sem data marcada, sem compromisso mais uma vez, pela flutuação natural do coração. Assim é que é bom. Eles se cansam com muita facilidade daquilo de que gostam, se enjoam da mesmice, precisam de inovação, de novidade. Não prezam o conforto da estabilidade afetiva e ninguém conquista o coração de um indivíduo desses prometendo conforto ou estabilidade afetiva.

Gostam do risco, da excitação, do improviso. Amar para eles não é fácil nem banal. Muitas vezes ficam periféricos nas relações, freqüentam apenas as bordas dos sentimentos.

O risco de uma relação não dar certo não os assusta em nada, desde que eles tenham a garantia da faísca, a fricção do momento, a excitação do encontro fortuito, passageiro, tenso, criativo.

Quando eles estão motivados por essa carga elétrica, ficam tão magnéticos que o outro não consegue escapar desse envolvimento. Como é algo de "pico", o rendimento é muito alto, muito maior do que o normal, mas passa logo. Eles têm consciência de que isso vai passar, vai acabar, mas não dividem com o companheiro.

Esta síndrome é comum nos aspectos tensos entre Urano/Sol, Urano/Lua, Urano/Vênus e Urano/Marte. Quando esses indivíduos conseguem estabelecer o vínculo, ficam excitados, e acabam atacando de frente, queimando etapas. O outro tem a impressão de que nunca encontrou alguém igual, de que nunca viveu algo parecido.

E não é um processo falso ou mentiroso. É simplesmente o auge, o apogeu de uma carga. E o outro, que está envolvido no processo, ganha a possibilidade de viver, em dois dias, por exemplo, tudo aquilo que não aconteceu com o ex-marido durante anos.

Só que esses uranianos não conseguem dar continuidade ou sustentação àquela parte que descarregou. E, como são desmemoriados, não sentem saudade. Quando aquilo é cortado bruscamente, não sobram resíduos e não há efeito cumulativo.

Esta síndrome é comparada a um processo neurótico, altamente destruidor de lares, de sentimentos afetivos, mas não necessariamente afeta o portador.

Eles são capazes de se desinteressar eroticamente por seus parceiros justo quando a relação se estabiliza e é comum casos de pessoas que se relacionam a distância. Quando passam a morar na mesma cidade, num curto prazo de tempo se desinteressam pelo outro ou até mesmo se separam. E são capazes de grandes desempenhos sexuais em relacionamentos completamente "furados".

Para a maior parte das pessoas, o bom desempenho sexual tem que ver com o conhecimento do parceiro, o convívio, a intimidade, pois é muito difícil na primeira vez haver um bom desempenho. Para os portadores desta síndrome não: quanto mais novidade, mais excitante é e melhor será o desempenho.

É o amor desvinculado de compromissos: é amor e só. O desafio dessa relação é perdurar, é dar continuidade ao comprometimento.

O parceiro desses uranianos jamais poderá ser possessivo. Quando eles se tornam irriquietos, o melhor a fazer é abrir espaço e soltar a "fera", porque se a relação ficar chata, esse parceiro tende a se sentir oprimido, e o resultado é ir atrás de uma fonte nova de excitação.

Na verdade, há uma ambigüidade nessa configuração: os uranianos querem e não querem ficar ligados ao mesmo tempo. Proximidade é um estado restritivo, que os deixa tensos. Por exemplo, quando chega o fim de semana, eles ficam tensos. Ou seja, serão 24 horas para estar junto do outro. Por isso, alternar, contrastar proximidade com afastamento é o ideal: assim, eles voltam.

Eles buscam maior liberdade nos relacionamentos, inclusive a liberdade de ir e vir. Muitas vezes, aumentam a carga de trabalho depois que o relacionamento começa a se estabilizar, bem como a carga de viagens.

Eles buscam esse "ambiente externo" avidamente, como bichos enjaulados, pois daí a reaproximação vai excitar. E também podem procurar relacionamentos com diferenças muito grandes, muito acentuadas. Mas por que fazem isso? Primeiro, porque a diferença cria um contraste, e é um desafio. E também porque pressupõe atividades separadas, em horários diferentes, o que traz, conseqüentemente, mais liberdade e mais individualidade. "Eu adoro isso aqui e você detesta... por isso, é ótimo".

Como em nenhuma outra configuração, o amor, os vínculos e o afeto podem representar experiências de opressão, castração, impedimento, cerceamento. Muitas vezes, uma declaração de afeto feita por alguém, uma maior receptividade do parceiro, um gesto de mais atenção, um presente, um carinho, podem ser sentidos como uma manifestação de cobrança, de controle e são energicamente desencorajados. Ou então, são recebidos com cautela, com crítica e até com medo.

Em nenhuma outra configuração a manifestação de afeto de um parceiro pode ser sentida como usurpação de privacidade e diminuição de individualidade, como aqui. O amor e o afeto são vividos como redução de opções de "vida".

Uma vida a dois, íntima e próxima, pode ser profundamente aborrecedora e asfixiante. Todos os fatos fora da relação parecerão mais vivos, mais interessantes e mais promissores.

Na hora em que um portador desta síndrome "fecha" uma coisa, automaticamente surge um anseio de "abrir outra".

E, finalmente, como ele quer estar liberto o tempo todo, livre dos sentimentos, que é algo muito comum em Urano/Lua, se sentir saudade, tristeza, dependência ou medo de perder, vai tentar se livrar o mais rápido possível daquela emoção, pois emoção prende. Ele não se vincula a nada nem a ninguém. Para ele, emoção aprisiona a alma.

## Sugestões de cura para as síndromes de Urano

Seguem algumas sugestões ou procedimentos a serem utilizados na tentativa de cura dos sintomas uranianos.

*– Relaxar e baixar a ansiedade*

Recomendam-se todas as práticas corporais que ajudem a relaxar, baixar a ansiedade e reduzir a voltagem. Os uranianos não conseguem relaxar sozinhos e necessitam de qualquer tipo de relaxamento provocado, como é o caso de massagens, banhos de imersão, banhos com sal grosso, bem como banhos de mar, de cachoeira e natação. O mergulho em água salgada, ou melhor, no mar, é muito benéfico para esses indivíduos, porque o sal corta a eletricidade. Tomar banho de mar causa torpor e chega a amolecer as pernas.

Outras práticas como ioga e meditação também são recomendáveis. Porém, como é muito difícil para um uraniano relaxar espontaneamente, não se deve obrigá-lo a freqüentar a ioga ou a praticar outra atividade, pois ele pode vir a atrapalhar as outras pessoas.

*– Caminhar*

Andar ou fazer caminhadas também é muito recomendável, pois relaxa, baixa a voltagem e ajuda na circulação, já que não raro os uranianos têm problemas vasculares.

*– Dormir o suficiente e repousar com tranqüilidade*

Recomenda-se evitar atividades excitantes à noite que possam vir a prejudicar o sono. Os uranianos têm grande dificuldade de expurgar, e isso faz que demorem muito para pegar no sono. Costumam levar de três a quatro horas para encerrar qualquer atividade mental. Por isso, ler uma revista, ver um filme ou dar uma volta no quarteirão pode ajudar a acalmar. O que não pode é estimular, concatenar idéias – pois, uma vez que liguem, vão em frente e não param mais.

É recomendável também que esses uranianos tenham seus assuntos sempre resolvidos e não pendentes. De preferência, que não tenham preocupações ou compromissos marcados para muito cedo na manhã seguinte, para que possam dormir, descansar e ter tempo suficiente para as necessárias assimilações.

Os uranianos são pessoas extremamente sensíveis a estímulos. Um ruído ou um estímulo auditivo produz excitação e conecta de imediato sua mente. Basta um ruído desagradável ou constante para que fiquem bastante eletrizados. Isso é típico de Urano/Mercúrio, Urano/Marte, Urano/Sol e Urano/ascendente.

São pessoas muito excitáveis, e toda pessoa assim tem os cinco sentidos muito alertas, muito nervosos. Luz, ruídos, estímulos sensoriais ou qualquer evento extraordinário é percebido de modo amplificado. Os estímulos excitantes do ambiente entram no seu corpo e produzem impacto. No caso de crianças, isso pode ser muito sério. Muitas vezes, os pais ignoram que aquele bebê é hiper-reativo aos estímulos externos – como é o caso de Urano/Marte, por exemplo –, e a criança fica a mil por hora. Para esses bebês, é preciso que o ambiente esteja sempre tranqüilo na hora de dormir, que a luz seja indireta, ou que haja música suave, sem agitação, para que possam ir "desplugando" da excitação externa e ficar somente com a própria, que já é bastante.

Os sinais dessa sensibilidade aguçada a estímulos externos são inquietação muscular, ansiedade, sustos freqüentes, verborragia – porque há excitação dos neurônios e a pessoa destrambelha a falar – e às vezes tonturas, convulsões, espasmos.

O mesmo pode lhes acontecer em ambientes fechados, pois reagem ansiosa e fobicamente. Por isso, não suportam teto rebaixado, corredores afunilados, formas geométricas que estreitem o espaço. Ambientes assim lhes provocam um descompasso, tonturas, taquicardia; eles ficam agressivos, começam a falar alto, perdem o controle, pois irritam-se muito.

– *Aprender a viver no presente*

É importante fazer o que quer que seja por inteiro, ficar no aqui e agora e tentar concentrar-se. Ou então fazer um pouco de imersão para sair da crise de antecipação. Ver uma coisa de cada vez, estar dentro de cada situação por inteiro.

### – *Assumir a castração*

O que é assumir a castração? É aceitar o limite para passar do estágio da criação para o da produção. Aceitar o que é possível, fazer o que é possível, fazer a partir do que tem, dos dados de que dispõe. Renunciar ao infinito e saber que isso não aprisiona a alma, mas sim a torna mais serena e traz satisfação.

### – *"Umedecer" em todos os sentidos*

Recomenda-se usar mais a linguagem dos sentimentos, pois há um medo enorme de sentir. Segundo os uranianos, os sentimentos ligam, conectam e os vinculam aos outros, o que "escraviza", tira o espaço e a liberdade. Esses indivíduos querem estar livres dos sentimentos para poder ir e vir como quiserem. Recomenda-se exercitar os sentimentos, deixar-se penetrar e seduzir pelo outro, assumir que estar com pessoas é prazeroso e satisfaz. Valorizar o afeto, o sentimento e a companhia do outro.

### – *Criar e ser criativo no cotidiano*

Deve-se usar a criatividade para renovar e não para romper. Inverter a ordem dos fatos, mudar a rotina e a ordem dos afazeres. Bolar atividades e modos de convivência diferentes dentro do casamento; criar um jeito novo de desempenhar o trabalho. E não fazer alterações bruscas e repentinas, que sempre deixam estragos e cacos pelo caminho. Não é preciso, a qualquer problema encontrado, empreender uma mudança radical, como mudar de cidade, mudar de emprego, pedir demissão, pedir divórcio. Tente ser criativo com as pequenas coisas do cotidiano, torná-lo mais variado, atraente e inovador para esvaziar a sede de mudança.

É importante criar espaços de alternância efetivos no dia-a-dia, como fazer uma atividade que exige concentração e, na semana seguinte, alternar para uma atividade que seja de criação e, na outra, escolher algo mais burocrático. E assim, criando sempre e gerando sempre novidades, evitam-se rompimentos drásticos ou dramáticos.

*– Criar espaço*
A grande questão da síndrome de Urano é o processo fóbico. O uraniano não gosta de contato físico, espaços apertados, lugares ou coisas trancafiadas, passagens obstruídas, saídas impedidas, portas fechadas, obstáculos, afunilamentos, gente na sua frente. Quando se sente apertado, fica fóbico. Cada vez que aparecer uma situação fóbica, espremida, basta recuar e abrir um pouco o espaço para que esse sentimento diminua. Não é preciso fugir.

Por isso, recomenda-se negociar esse espaço com a pessoa com que vive ou trabalha, para que não seja necessário romper e quebrar vínculos preciosos. Negociando, a impressão de aprisionamento passa na hora.

## Referências bibliográficas

(1) BRANDÃO, Junito de Souza. *Mitologia grega*. v. I e II. Petrópolis: Vozes, 1986.

(2) CASTRO, Maria Eugênia de. *Dimensões do ser: reflexões sobre os planetas*. Rio de Janeiro: Hipocampo, 1991.

# Síndromes de Netuno

Pessoas com Netuno muito forte ou acentuado em seus mapas natais são possíveis portadoras das síndromes de Netuno. Elas também são chamadas de "tipos netunianos", ou simplesmente netunianos.

O que determina se a pessoa tem um Netuno forte em seu mapa natal?

- Ter Netuno em posição angular: quanto mais angular, mais forte será seu efeito sobre a personalidade do indivíduo. Ou seja, quanto mais próximo do ascendente, meio do céu, fundo do céu ou descendente, nessa ordem de importância, mais efeito terá. A orbe que usamos para os planetas em

conjunção com os ângulos é de 10 graus antes ou depois, e seu efeito antes do ângulo é notoriamente mais forte.
- Ter Netuno nas casas I, X, IV, VII, nessa ordem de importância, sem necessariamente estar em conjunção com o ângulo da casa, o que significa estar mais de 10 graus depois dele.
- Ter Netuno em aspecto tenso (conjunção, quadratura ou oposição) com Sol ou Lua, com orbe de até 5 graus.
- Ter Netuno em aspecto tenso com Mercúrio, Vênus e Marte, ou com regente do ascendente, com orbe de aproximadamente 3 graus*.
- Ter Sol e Lua em Peixes.
- Ter planetas pessoais em Peixes.
- Ter um stellium em Peixes.
- Ter o ascendente em Peixes.
- Ter Netuno em conjunção com os Nodos Lunares, cabeça ou cauda do dragão, ou próximo a eles, por significar um processo inconsciente e por toda a orientação da vida do indivíduo será na direção de Netuno ou oposta a ele.
- Ter Netuno na casa V, porque esta é a casa da identidade, e qualquer planeta ali se expressa.
- Ter Netuno nas casas VIII ou XII, porque são setores do mapa propensos a desenvolver processos inconscientes.
- Ter Netuno em aspecto tenso com Júpiter, porque entre as faculdades de Júpiter estão as de ampliar, aumentar a fé e a autoconfiança, exacerbando assim a cegueira de Netuno.

Alguns aspectos acima citados podem propiciar mais de um tipo de síndrome. Outros são mais genéricos e característicos de

---

* No caso do homem, Marte representa o aspecto mais forte e uma maior influência; no caso da mulher, é Vênus.

todos os netunianos que acessem o padrão de energia: o arquétipo de Netuno.

## O mito de Poseidon

Posídon ou Poseidon é o deus das águas, mas, antes de mais nada, das águas subterrâneas. Quando o Universo, após a vitória de Zeus sobre os Titãs, foi dividido em três grandes reinos, como já se mostrou, Posídon obteve por sorteio, mas para sempre, o domínio do branco mar. Embora tenha lutado valentemente contra os Titãs e "fechado sobre eles as portas de bronze do Tártaro", o deus do mar nem sempre foi muito dócil à superioridade e à autoridade de seu irmão Zeus.

[...] Como Zeus, o deus do mar também está ligado ao cavalo, ao touro e à Demeter, como divindade de fecundação. Casou-se com Anfitrite, que foi mãe do "imenso Tritão, divindade terrível e de grandes forças, que habita, com sua mãe e seu ilustre pai, um palácio de ouro nas profundezas das águas marinhas". Reina em seu império líquido à maneira de um Zeus marinho, tendo por cetro e por arma o tridente, que os poetas dizem ser tão terrível quanto o raio. Seu palácio faiscante de ouro era indestrutível e ficava nas profundezas de Egas, cidade da costa norte de Acaia, onde estava localizado um de seus principais santuários. Percorria as ondas do mar sobre carruagens puxadas por seres monstruosos, meio cavalos/meio serpentes. Seu cortejo era formado por peixes e delfins, criaturas marinhas de toda espécie, desde Nereidas até gênios diversos como Proteu e Glauco. O deus do mar, além da esposa Anfitrite, teve muitos amores, todos fecundos.

Enquanto os filhos de Zeus eram heróis benfeitores da humanidade, os filhos de Poseidon, em sua maioria, eram gigantes terríveis e monstruosos, como o Ciclope Polifemo, a Medusa, o gigante Crisaor e o cavalo Pégaso.

Foi ele igualmente responsável pela paixão de Pasifae pelo lindíssimo touro de Creta, para punir o rei Minos, que não cumprira a promessa de sacrificar-lhe o animal.

Além de associado ao touro, Poseidon também o é ao cavalo, desde "as crinas das ondas" ao seu galope, símbolo das forças subterrâneas, bem como da clarividência e da familiaridade com as trevas, um guia seguro, um excelente psicopompo.

Associada à imagem de "sacudidor da terra", o que corresponde a uma ação de baixo para cima, há ainda vestígios de um deus bem mais antigo, subterrâneo, ctônio, que fazia a terra oscilar, quer se tratasse da seiva vital e abalos sísmicos, quer se tratasse de todas as águas que escapavam do seio da Mãe-Terra. Com os epítetos como "que faz nascer, que produz algas", Posídon aparece igualmente como promotor da vegetação marinha e terrestre, sendo esta última alimentada pelas águas doces tidas como emanação do deus. Essencialmente ctônio, o que não significa infernal, Posídon era senhor das águas terrestres, rios, nascentes, fontes e lagos e, só depois, na evolução de seu mito, tornou-se deus do mar, o grande inconsciente permeado de imagens fantasmagóricas e ilusórias das profundezas do oceano. (1)

# Palavras-chave associadas ao arquétipo de Netuno

*Expressão positiva*

A mais alta expressão do amor, abnegação, abstração, afetividade, agente secreto, água marinha, ajuda aos necessitados, alquimia, amabilidade, amor incondicional/platônico/sublime, anestésicos, anjos guardiões, apreço, artes em geral, artistas, asilos, assistência social, atores, atração/atratividade, aurora, avatares, balé, barcos/navios, barqueiro/pescador, beatitude, bem-aventurança, bondade, brandura, brumas/névoa, busca do divino, caridade, carinho, carisma, cenografia, charme, cinema, clariaudiência, clarividência, colaboração, colégio interno, caleidoscópio, coletividade, compaixão, complacência, complementação, completude/integração, compositor, compreensão, comunhão, comunicação não-verbal, comunicação profunda, concepção, confortar, confraternização, congregação, consciência cósmica/universal, consolo dos aflitos, constelar, contemplação, conventos, cooperação, cordialidade, coreografia, coro, crenças/seitas, cromoterapia, cuidados/cura/curandeiros, danças em geral, delicadeza, deltas/marinas, desapego, descobertas, desculpar, desenhista, desertos/miragens/oásis, deslumbramento, despojamento, desprendimento, devoção, dharma, diretor de cinema/museu/ópera/TV, divindades marinhas, dons, dramas e melodramas, ecologia, empatia, enamoramento, encantamento, encenação, encontro com o divino, enfermeiro, engajamento, enlevação, eremitas, escafandristas, esconderijo, escultor, espionagem/espião, espírito/espiritualidade, êxtase, farol, fauna marinha/peixes, fé religiosa, filantropia, filmes, fisioterapia, força da fragilidade/sensibilidade, fotografia, frotas, galeria de arte, gases, generosidade, gênio/genialidade, gentileza, hipersensibilidade, hipnose, hospitais, hospitalidade, humanismo/humanitarismo/humanidade, humildade, iates/transatlânticos, idealismo, identificação/projeção, Iemanjá, igrejas/templos, ilimitado, iluminação, iluminação de espetáculos, imaterialidade, imponderável, impressões, inacessível, incomensurável, inefável, influenciador de opinião, informações secretas, ingenuidade, inibição, inspiração, intangível, integração, inteligência emocional, introspecção, intuição, invisível, isolamento, lápis-lázuli, líquidos, lugares à beira-mar/bucólicos/ermos/tranqüilos, luz interior, maestro, magia, magnetismo, marinheiros/almirantes, máscaras, médicos, meditação, mediunidade, meiguice, mergulhadores, mestres/educadores/religiosos/professores, metafísica, mímica, mimos, misericórdia, missionário, mistério, misticismo, modéstia, mosteiros/monges, multiplicidade/multidiversidade/multiverso, museu, música/músicos, nascer do Sol, navegação/navegantes, nirvana, nível máximo de evolução, neblina, o maravilhoso, o que está por trás das cenas/bastidores, oceanos/mares, oculto/ocultismo, omissão, oração, orquestra, os pés, paciência, paixão secreta, paraconsciência, paraíso, paranormalidade, parapsicologia, paz/pacifismo, percepção aguda/extra-sensorial, perdão, persona, personagens, piedade, pintor, pluralidade, poesia/poeta, portos/ilhas/praias/dunas, presentes, premonição, previsão, privacidade, processo de evolução, profecias, profundidade, proteção, proteção espiritual, psicologia, psiquiatria, psiquismo, purificação/pureza, química, receptividade, reciprocidade, reclusão, refinamento, relaxamento, religiões/religiosidade, remédios/drogas, revelação, ribalta, rituais, romance, romantismo, sacerdócio, sacro-ofício, safira, sagrado, salvação/salvador, salva-vidas, sanatórios, santidade, sedativos, sedução/jogo de sedução pessoal, segredo, segredos de Estado, senda espiritual, sensibilidade, sereias/nereidas/ninfas/fadinhas/ondinas/musas, servir/servidores, silêncio, simplicidade/descomplicação, singeleza, sistema linfático, sobrenatural, sofisticação, solidão, solidariedade, solvente universal, sonhos/sonhar acordado/fantasia, sono, sonoplastia, subjetividade, sublimação, submarinos, submissão, sugestões, 8ª superior de Lua e Vênus, sutileza, talento, teatro, telepatia, televisão, ternura, tranqüilidade, transcendência, transmutação, transportação psíquica, tratamento da saúde psíquica, terapias naturais em geral, turquesa, união, unidade/todo, universalismo, variedade, viagens por mar, vinhos, visualização, vocação/vocacionados.(2)

## *Expressão negativa*

Abandonados, acomodados, adversidade, aflição, afogamento, alucinações, amargura, amélias, angústia, anonimato, antipatia, aparições, asfixia por gás, ausências, autodestruição, autoflagelação, baixa defesa imunológica/física/psíquica, bandidos, beatas, cadeias, calabouços, calúnia, câmaras de tortura, cansaço, caos, cárceres, carência, carolas/tabus, castigo, chantagem/chantagem emocional, charlatões, clandestinidade, clausura/confinamento, complexos, complicação, condenados, confusão, congestionamento, conivência, conluio, conspiração, conspurgação, constrangimento, contágio, contrabando, contrariedade, correntes, covardia, crime perfeito, crime sem autoria, CTI – Centros de Terapia Intensiva, culpados/suspeitos, debilidade moral/de caráter, decepção, degeneração, degradação física/moral/psíquica, delação, delinqüência, delírios, demagogia, denúncia anônima, dependências em geral (psíquica, de drogas, bebidas, alimentos, doces, jogos, remédios, do fumo, dos outros), dependente, depressão, desacerto, desagregação, desalento, desaparecimento, desapontamento, desassossego, desatenção, desatino, descaso, desconfiança, descortesia, descuido, desdém, desemprego, desencanto, desespero, desfalque, desgoverno, desilusão, deslealdade, desmaios, desonestidade, desordem, desprezo, desterro, desvarios, devaneio, dispersão, dissipação, distorção, doenças longas/doentes, doenças mentais, dramas/tragédias, endemias, engano/enganador, envenenamento, equívoco, errante, escamoteação, escapismo, escorregadio, escravidão, esgotamentos, esquecimento, esquizofrenias, estado de coma, estelionatário, evasão, expurgo, extorsão, extradição, exílio, evasão, falsidade/falsários, falsos gurus/médiuns/pregadores, fantasmas, farsas/farsante, fatalidade, fingimento, fobias, fora da lei, formação de quadrilha, fracasso, fragilidade, fraqueza, fugas, furto, golpe/golpista, guerra-fria, hipersensibilidade, hiperauto-indulgência, hipocondria, ilusão, imaginação doentia, *impeachment,* impedimentos, impostor, impressionabilidade, inaceitação, incógnito, incompreensão, inconsistência, inconstância, indecisão, indiciado, indigestão, inércia, infidelidade, inflamações, inimigos secretos, insanidade, insegurança, insensibilidade, insucesso, intoxicação, intriga, irrealidade, isolamento compulsório, jogo de espelhos, ladrões, lágrimas, lamentação, loucura, máfias, mágoas, mandante de crimes, manias/maníacos, martírio, medo, melancolia, menosprezo, mente caótica, mentira/mentiroso, miseráveis, morbidez, nebulosidade, negligência, neuroses em geral, obesidade mórbida, orfandade, paralisia, passividade, pelourinhos, penalidade, perda de identidade, perda de imunidade, perdas, perturbações, planos utópicos, PMD – Psicose Maníaco-Depressiva, pobreza/pobreza de espírito, preguiça, prisões, projeções, promessas vãs, psicoses, punições, reclusão, reformatórios, rejeição, renúncia, resignação, réu, ruína, sabotagem, salvador/vítima, santarrões, separações culposas, seqüestros, sofredor/sofrimento, solidão compulsória, sonambulismo, subserviência, suicídio, suspeita/suspeito, temor obsessivo, tocaia, tolerância excessiva, torturas, traição, trapaça/trapaceiros, traumas psíquicos, tristeza, utopia, venenos, vertigens, vícios, viuvez, vulnerabilidade.(2)

## As síndromes de Netuno
### Síndrome de "Alice no País das Maravilhas" ou "transformando sapos em príncipes"

Nas síndromes de Saturno já registramos a chamada "transformando príncipes em sapos". A primeira síndrome de Netuno é justamente o contrário daquela, em que a pessoa transforma algo ótimo em péssimo, principalmente se este algo lhe diz respeito ou se foi ganho de alguém. Se for de outro, não; mas, se for seu, é extraordinária a capacidade que Saturno tem de declinar, diminuir ou apequenar algo que seja seu ou que lhe diga respeito.

Nesta síndrome acontece o oposto: sapos são transformados em príncipes. Ela procura melhorar, aprimorar, divinizar, "glamorizar" algo, não importando o quão medíocre seja.

O distanciamento do princípio da realidade ou o desprezo por ele é responsável por muitos desvios de percepção no netuniano. Há uma necessidade sempre premente de viver o encantamento, o sublime, de criar um mundo ideal, o que torna essas pessoas vítimas de uma fantasia que cisma veementemente em contrariar ou superar os dados da realidade. Essa necessidade de encantamento também faz essas pessoas procurarem ou tentarem dar um toque de magia à realidade, para que ela se torne menos feia e, portanto, mais suportável.

A capacidade extraordinária de transformar pessoas banais, desprovidas de qualquer encanto especial, em príncipes ou princesas, a ponto de distorcer as características básicas da pessoa, inventando e recriando outra a seu bel-prazer, é típica desta síndrome. Existe também a tendência a subtrair dados da realidade – sempre os penosos – e só ficar com os que interessam à sua necessidade.

Os netunianos podem viver anos a fio com alguém e não enxergar certos traços de caráter ou de personalidade, seja do parceiro, do filho, do amante ou do sócio. Sustentam uma imagem idealizada da pessoa e só resguardam os aspectos que confirmam essa imagem. Para tanto, inventam mil e um artifícios, desculpas e justificativas absurdas, por não quererem enxergar a realidade, criando então uma lógica torta, oblíqua, delirante.

Há necessidade de viver a perfeição, de que o mundo seja um lugar bem melhor do que é e de que as pessoas sejam bem melhores do que realmente são, para que valha a pena estar neste mundo. Viver dessa forma é, portanto, o que sustenta o portador desta síndrome: "Já que estou aqui, deixe-me arrumar melhor esta casa: vou mudar as cores, pois eu não vim para cá para ver a feiúra deste mundo; por isso, vamos dar uns retoques". Ou ainda: "Fulano não é mau caráter, ele só está um pouco perdido"; "Fulana não é invejosa, ela está assim porque ainda não se conhece bem", e por aí vai.

Todo o universo dos contos de fada faz parte da vida desse indivíduo: transformar abóbora em carruagem, esperar pelo dia do baile, pela varinha de condão, pela luz mágica, pelos príncipes encantados, pelo dia "D"! E chegará, então, o dia em que todas as gatas borralheiras e sapos do mundo se transformarão, finalmente, em príncipes e cinderelas.

Esta síndrome é universal para a maior parte dos netunianos e é responsável por gigantescas situações de decepção e desilusão com a vida. É comum vê-los fazer observações tais como: "Eu não esperava que, depois de tudo que fiz por essa pessoa, ela fosse fazer..."

E, quando esse netuniano nos conta a história, de fora analisamos a situação e percebemos nitidamente que, pelo "andar da carruagem", aquele resultado ou aquele "des-resultado" era óbvio e que jamais aquela situação se daria de outra forma. Por exemplo, alguém já tinha dado mil e um sinais de que era desonesto, perdulário com as finanças, e o netuniano lhe emprestou dinheiro; ou o sujeito é afetivamente infiel, egoísta, instável, e a netuniana o elegeu para ser o pai de seu filho. Logo, logo, a decepção, ou melhor, a realidade, não tardará a aparecer!

A ingenuidade é outra característica própria desta síndrome. A expectativa é sempre positiva e favorável na avaliação do caráter das pessoas, e esses netunianos apostam na porção angelical da natureza humana, com a tendência espetacular de ir subtraindo – um a um – os traços e sinais deixados por tal pessoa, até que só sobre nela o que se pareça com um anjo ou um príncipe, com o belo, com o digno de contemplação; para tanto, a inegável arma da recriação, do retoque e da fantasia entra em cena. Temos aí o quadro completo desta síndrome. E todos, absolutamente todos os seus portadores, são vítimas do conto-do-vigário: "Nunca te vi, sempre te amei".

Guiar-se pela aparência também é algo muito netuniano. Aliás, as imagens são sempre fortes e muito impressionáveis: "Ela tinha uma carinha tão boa, um jeitinho tão humilde!" É a situação de "inteira confiança", que qualquer saturnino ou plutoniano sabe que é rara. Essa chamada "inteira confiança" exige da pessoa compromissos e comprovações anteriores para que ela passe a ser digna de louvor. Mas o portador desta síndrome não pensa assim e distribui vales de "máxima confiança" aleatoriamente e a cada esquina.

Qualquer plutoniano só emite esse aval – de máxima confiança e honra, homenagem e afeto – quando esse alguém já lhe provou ser de inteira confiança em várias situações.

E esse certificado de afeto, respeito e confiança que os plutonianos dão às pessoas sob condições muito especiais, os netunianos distribuem às dúzias. Isso deriva do fato de que, para este, é tão extremamente penoso, ruim e lesivo o sentimento de desconfiança por alguém que eles preferem não desconfiar, mesmo que depois se enganem. Há todo um aparato montado para se precaver de possíveis golpes ou lesões, que requerem um estado de alerta constante, uma postura racional, que exige o tempo todo um confronto ou uma verificação. Para o netuniano, isso é insuportavelmente penoso, e ele prefere então correr o risco.

Enquanto para o plutoniano o mundo é um palco de inimigos, a questão netuniana da ingenuidade é uma questão mental, pois em seu cérebro não está arquivado o processo de pensamento. O netuniano não foi talhado para discriminar as coisas assim.

Justamente a função planetária ou o antídoto que se antepõe a Netuno é Mercúrio, pois pensar em detalhes para se precaver de algo é do universo de Virgem, signo regido tradicionalmente por ele e oposto complementar de Peixes, signo regido por Netuno. Para quem é portador de uma síndrome netuniana forte, esta análise é terrível.

Os netunianos apostam na porção angelical ou divina que habita a natureza humana de forma exagerada. E, na sua lógica, "se for para viver cercado de defesas, suspeitas aqui e desconfianças acolá, eu prefiro não viver neste mundo!".

## Síndrome da indulgência

Nesta síndrome, a boa-fé, a boa vontade ou o espírito de compaixão, próprios em qualquer netuniano, sofrem um terrível efeito distorcido e se torna uma incapacidade de estabelecer limites ou barreiras na ação de outra pessoa sobre ele.

A empatia, a capacidade de sentir o que o outro sente, a compaixão e a compreensão humana são faculdades inerentes à função netuniana quando esta trabalha de maneira harmoniosa. Porém, quando tudo isso é distorcido – caso de uma síndrome –, essas características se tornam uma incapacidade de se defender contra o do domínio do outro sobre si.

E é de fato uma incapacidade, pois a pessoa não consegue, dizer não, negar coisas, defender os limites do "eu" ou empurrar o outro para fora de seu território, e isso é fruto de uma atitude superpermissiva de sua personalidade.

O portador desta síndrome simplesmente permite demais, deixa que os outros façam dele o que quiserem. Estes, por sua vez, o invadem, solicitam, enganam, roubam, pedem coisas emprestadas, usam e abusam dele, que não consegue expulsar os usurpadores ou defender as próprias fronteiras, pertences, recursos, domínios, espaços.

O limite de tolerância da personalidade portadora desta síndrome é inacreditável. Quando chegam a se fechar e dizer que não agüentam mais é porque a situação chegou a um ponto insustentável e já passou dos limites há muito tempo!

São inacreditáveis os abusos contra esses netunianos, mesmo com as coisas mais simples, como emprestar dinheiro a quem nunca paga, prestar favores eternos a quem nunca agradece, emprestar o carro aos que o devolvem sempre com o tanque vazio. E os netunianos não estranham. Aliás, têm grande dificuldade de reconhecer seus direitos, de se indignar e de estabelecer a primazia do "eu". Vale ressaltar que quando um netuniano começa a se indignar é sinal de que já está se aproximando da cura. Exemplos comuns são "ir buscar 'não sei quem' em algum lugar muito longe", podendo essa pessoa vir perfeitamente por sua conta; "ceder o próprio espaço, a própria cama, a própria mesa de trabalho a alguém que não providenciou a sua a tempo"; ou, ainda, "conceder, perdoar, 'aliviar a barra' do outro, tirando do 'seu', sacrificando a sua parte para abrandar a dificuldade ou o sofrimento do outro". Essa é uma sina netuniana.

É importante notar que esse outro não é necessariamente um coitado. Se fosse, é claro que, do ponto de vista humano, qualquer um o ajudaria. Esse "coitado", por vezes, é alguém com mais recursos que o próprio netuniano, mas este já o transforma num coitado. Sua permissividade vai desde as pequenas coisas até situações muito mais graves, como aturar ofensas, anular-se, sacrificar-se em prol de alguém que pode estar em melhores condições que ele. Sua conduta, inclusive, é facilmente justificada por algum tipo de discurso espiritualista que ele usa como defesa: "Eu fui muito privilegiado, tenho um anjo forte, nunca me faltou nada". (Esses netunianos acreditam que, quando se ajuda alguém, se obtêm méritos espirituais.) E geralmente adotam uma atitude espiritualista, pois acham que assim se engrandecem.

Os portadores desta síndrome têm uma interpretação completamente deturpada e distorcida do princípio da caridade e da compaixão, o que permite que pessoas abusadas, e muitas vezes em condições perfeitamente favoráveis para cuidar de si próprias, se utilizem deles como verdadeiros sanguessugas, exploradores, manipuladores.

Não existe nenhum tipo de relação normal e sadia que seja unilateral ou na qual não haja algum tipo de troca justa e equilibrada. Há sempre algo com o que a pessoa possa retribuir ou possa dar em troca, sem que necessariamente lhe cause lesão.

E quem está no pólo oposto desta relação? A pessoa certa para exercer a parte complementar!

Do outro lado temos em geral um parasita, um egoísta inescrupuloso, autocentrado, abusado; temos alguém sem limites, sem caridade, sem amor por ninguém, pronto a se agarrar no pescoço da pessoa que tenta salvá-lo, podendo inclusive afogar esse alguém, se for preciso. Esse "parasita" quer se salvar a expensas do netuniano; quer dormir ou descansar roubando o sono de quem vem lhe fazer a vigília; quer ter coisas tirando-as e usurpando de quem as consegue; quer passar pelo sofrimento, qualquer que ele seja, sem nenhum ônus ou esforço de recuperação, indispensável nestes casos. Não estamos falando aqui de pessoas que vêm pedir ajuda porque realmente precisam; no caso da síndrome, a pessoa que está do outro lado está naquela situação porque não quer passar pelo ônus do aprendizado. E mais: esse outro não quer, principalmente, se responsabilizar pelas escolhas que fez e o levaram até aquele ponto.

Por isso dizemos que até para se desesperar, até para pedir ajuda, deve-se ter ética. Até para ser "o lesado" ou "o prejudicado" tem de haver ética. O lesado inconsciente, que está atravessando um processo difícil, pode não receber a ajuda correta por não conseguir se situar perante os fatos. Ele se considera injustiçado pelas circunstâncias da vida. E o netuniano o justifica: "Ele é muito bom, só não teve ainda uma boa chance de demonstrar".

O portador desta síndrome netuniana, com toda a sua intenção de ajuda, doação e amparo, deve também associar à sua intenção a idéia de que a melhor maneira de ajudar alguém não é suprindo-o de tudo ou poupando-o disso ou daquilo. Tal atitude gera no outro um sentimento negativo de pobreza e falta de recursos. Alguém que recebe indefinidamente pode pensar que você está abarrotado de coisas, e isso pode gerar um sentimento de inveja e não de gratidão: não parece generosidade para quem está do lado de lá. Para ajudar alguém, deve-se auxiliá-lo a mobilizar os próprios recursos.

Portanto, para haver a síndrome da indulgência, deve-se ter do lado de cá um netuniano e do lado de lá um aproveitador ou um "coitadinho de plantão". Para ter um que abusa, é preciso ter outro que doa incondicionalmente.

Nessa doação há algo de perverso. A síndrome é uma manifestação distorcida ou neurotizada dessa relação: um é o coitado, o fracassado, a parte fragilizada. E o desafio da pessoa generosa e doadora é dar, de maneira que estimule a capacidade produtiva e de recuperação do outro; é saber estimular o processo de independência e auto-suficiência daquele que lhe pede ajuda. Ajude-o a se sentir digno novamente, ou essa doação não vai servir para nada, pois essa pessoa ficará com um sentimento de pobreza de recursos próprios, de mendicância, de aceitar migalhas, o que é convertido em outro sentimento, que é de incapacidade ou mesmo de raiva da pessoa que o está ajudando.

E não é de espantar que, de repente, essa pessoa "ajudada" comece a se ressentir daquela situação, pois sabe que essa ajuda, por melhor que seja, não está lhe fazendo bem. É o inconsciente que entra em cena, pois a ele nada escapa.

Outra característica do netuniano portador desta síndrome é a necessidade compulsiva de abrandar ou tentar minimizar o sofrimento alheio. Isso advém da identificação com o outro, de se "con-fundir" com o outro.

Na verdade, o netuniano se identifica com o sofrimento do outro e corre para ajudá-lo a sair dele. Entretanto, não imagina que o sofrimento desse outro é diferente do seu na mesma situação. A esse mecanismo psicológico damos o nome de projeção, como já vimos.

Uma das saídas para esta síndrome é convencer seu portador de que sua ajuda está prejudicando a pessoa, fazendo mal a ela; é convencê-lo de que o doente está piorando porque o remédio administrado não é o apropriado.

## Síndrome do salvador/vítima

Este comportamento é um desdobramento da atitude de identificação com o sofrimento alheio e, portanto, derivado da síndrome anterior.

Quem tem a síndrome do salvador identifica-se, antes de mais nada, com o sofrimento. Onde quer que haja um sofredor, um sofrimento ou uma vítima, é necessário um ato de salvação, um salvador. E a responsabilidade recai, evidentemente, sobre o netuniano portador desta síndrome. A outra pessoa em questão tem marido, filhos, outros amigos, mas quem tem de salvá-lo é esse netuniano.

É claro que uma posição acentuada de Netuno no mapa vai dotar seu portador de profunda sensibilidade, que desperta nele empatia, compaixão, pena ou piedade, além de forte identificação com o sofrimento alheio. Se combinarmos esses ingredientes, distorcidos e neurotizados, temos uma síndrome.

Quando isso é vivido de forma harmoniosa, constitui-se em algumas das mais belas qualidades e virtudes netunianas: o espírito humanitário, a compreensão da dor do outro e a disposição em ajudar, o que é de fato muito louvável. No entanto, nos casos de síndrome, temos, em vez disso, uma distorção ou uma desarmonização dessas qualidades, o que acaba desencadeando a atitude de responsabilizar-se pela dor do mundo ou de querer carregar nas próprias costas todo o infortúnio dos aflitos.

Esses netunianos tentam salvar o outro a expensas do próprio bem-estar e se sentem salvadores dos últimos desesperados, que, cercados por "vira-latas", só têm a eles para pedir ajuda. É como se dependesse deles a melhora dessa legião de fracos, doentes, parasitas ou exploradores. Esses netunianos entram nas relações de amizade, afeto e profissão dispostos a salvar o candidato e não para se relacionar, e ficam anos enrolados em situações de dependência e até de simbiose.

O inverso também pode ocorrer, ou seja, viver da salvação alheia, esperar pelo grande salvador, aquele que venha lhe tirar desse estado, dessa crise, dessa dor, dessa amargura, desse tédio. E, em geral, essas pessoas se apóiam nos outros como se fossem sua última chance, sua tábua de salvação.

A relação que essas pessoas estabelecem com a vida e com os outros é de sofrimento x salvação, ou de vítima x salvador. Esse tipo de percepção está baseado em dois equívocos existenciais.

O primeiro é que a espera do salvador estabelece relações de passividade e dependência com relação à vida. Pensando em uma metáfora, podemos dizer que não é estimulada, em nenhum momento, a atitude de desenvolver a musculatura dos braços e o fôlego dos pulmões, o que possibilitaria, em primeiro lugar, nadar para fora do naufrágio ou evitar a grande onda que vai afogá-lo. Essa pessoa não se habilita a aprender como evitar o afogamento, mas sim a encontrar salvadores de naufrágios; ela não se habilita em se "des-afogar", mas espera encontrar alguém que faça respiração boca a boca.

Em segundo lugar, é um vício masoquista, romântico e até mórbido o de se sintonizar sempre com o sofrimento, seja ele real ou imaginário. Como esse netuniano não se conforma com o real, arranja o imaginário, misturando romantismo com morbidez.

Essas pessoas sofrem sempre, seja esse sofrimento verdadeiro ou não. Há sempre uma predisposição a sofrer e a fazer-se de vítima, quer por projeção (o salvador que projeta na sua vítima o sofrimento), quer por vivência pessoal (ser a vítima).

O netuniano jamais pensa em desenvolver meios de evitar o sofrimento. Isso pode ser aprendido, e quem é bom para ensinar isso é o sagitariano. Quando um sagitariano é alvo de chateação e lamúria, ele simplesmente vai embora! Larga você falando sozinho!

Para os netunianos é proibido se proteger da dor, como se fosse feio evitar sofrer, escolher não sofrer. Há uma compulsão em se deixar atingir, sangrar ou se compadecer enormemente por aqueles que estão sofrendo, atingidos pela vida. Eles não desenvolvem anticorpos contra o sofrimento: qualquer um pode atingi-los, humilhá-los, derrubá-los. O sentimento de autodefesa é baixo e a capacidade de autoproteção é nula. Não se desenvolve o hábito de desviar o rumo quando se percebe que o sofrimento está a caminho.

Eles vêem nisso uma transcendência, uma beleza, como se houvesse uma estética da dor, e isso é típico de Netuno. Para eles, há algo de sublime, romântico, espiritual ou elevado, talvez até para justificar esse sofrimento todo. Há um tipo de consciência que os proíbe de pensar em si, como se isso os tornasse pessoas egoístas e más.

Acusar um netuniano de egoísmo é como se fosse um crime. Muitas vezes ele é oriundo de uma família em que desde cedo, desde a infância, conviveu com alguém doente, muito idoso ou desequilibrado (ou cuidou dele) e aprendeu a ceder o seu lugar, a deixar a própria vida para depois, para cuidar desse alguém que estava sofrendo.

Isso é típico em pessoas com Netuno de casa IV, Netuno/Lua e Netuno/Sol. Elas podem ter tido uma avó doente com quem dividiam o quarto, passando a prescindir de pequenos confortos pessoais em favor dessa avó; ou podem ter convivido com um irmão desequilibrado, um pai alcoólatra ou uma mãe deprimida, de modo que era preciso estar sempre alerta para a fragilidade, a crise ou a fraqueza deles, para poder salvá-los a tempo. Essas pessoas desenvolveram esse mecanismo, e o que ocorre pela vida afora é sempre um pretexto para que isso emerja novamente.

Quem tem Netuno de casa XII ou Netuno em aspecto dissonante com o Sol tem uma característica típica: ter feito um caminho de vida tão perturbado emocionalmente, tão, fragmentado e sofrido, que foi diluindo suas forças e perdeu, ao longo do tempo, a capacidade de cuidar de si próprio, de preservar recursos e, como conseqüência, tem de buscá-los num salvador.

Toda essa problemática se apóia na idéia da fragilidade, de que a pessoa não é capaz de cuidar da própria vida e alguém precisa fazer esse sacrifício por ela. É muito importante que nesses casos se tente procurar ajuda de um profissional e liberar os amadores dessa tarefa. Ou seja, se você tem um parente ou um amigo com problema de alcoolismo, leve-o ao Alcoólicos Anônimos; se você tem um irmão com um problema psíquico grave, conduza-o a uma clínica psiquiátrica em vez de tentar amadoramente resolver o problema.

Esta síndrome é presente ainda nas configurações de Netuno/Vênus, em que o portador vive uma relação de vítima ou se encontra à espera de um salvador que venha resgatá-lo das suas deficiências, frustrações e dores. Ou ainda escolhe, no elenco de personagens deficientes, desequilibrados, infelizes, sofredores e vitimados pela vida, o seu objeto de amor, de desejo, de atenção e de carinho.

Isso é particularmente comum em configurações dissonantes de Netuno/Vênus ou em Netuno de casa VII. É como se a pessoa, para inspirar o seu afeto, precisasse perceber algum traço de fragilidade e sofrimento no outro. É isso que a enternece. Ou, ao contrário, ela pode pensar que, ao se mostrar fragilizada e indefesa perante o outro, vai atrair-lhe o cuidado, a ternura e o amor de que tanto necessita. São pessoas, inclusive, que estão sempre com problemas, que nunca melhoram dos males de que sofrem, pois acreditam que, se estiverem suficientemente fragilizadas, vão despertar o interesse, a atenção e o afeto de alguém. E isso vale tanto para amizade como para afeto, situações profissionais etc. Ou seja, a forma de conseguir amor é inspirando piedade nos outros.

Além disso, os portadores desta síndrome se sentem imensamente culpados quando passam a cuidar dos próprios interesses. Isso é muito freqüente em Netuno/Sol ou Netuno/Marte em aspectos dissonantes.

A vítima constrói sua identidade em cima de uma dependência tão absoluta dos cuidados alheios, da predisposição alheia, da boa vontade alheia, que se vê simplesmente aterrorizada diante da idéia do abandono ou do afastamento de quem cuida dela. E fará qualquer coisa para agarrar uma relação, seja de que forma for, para não viver a terrível experiência do desamparo. Ela encara o mundo como um lugar onde as pessoas devem suprir suas necessidades de cuidado e proteção e se relaciona com os demais como se fosse um "mendigo" ou um "pedinte".

Já no salvador, há a compulsão em viver a vida como um missionário, que tem algo importante e grandioso a fazer no mundo: cuidar de desamparados, deficientes, vítimas da sorte, dependentes. Esses netunianos desenvolvem relacionamentos de vício e de dependência – o salvador gerando para a vítima e a vítima recebendo do salvador –, ou seja, um é viciado no outro. É como se precisassem de doses diárias um do outro.

Para quem olha de fora, parece muito bonito, e até mesmo uma doação muito amorosa. É por isso que se torna muito difícil atacar o problema, pois a própria pessoa não consegue identificar ou enxergar algum mal nisso. Para ela, tudo parece sempre pleno de bem, de belo, de bom.

A questão do vício pode ser representada pela configuração Netuno/Lua em aspectos desarmônicos: nesses casos, eles dão a nutrição que eles próprios não receberam. Por isso se tornam viciados em doar. Já uma pessoa com Netuno/Sol em aspectos desarmônicos tem seu senso de valor e auto-estima (Sol) baseados no papel de salvador. O Netuno no meio do céu também pode indicar pessoas que são viciadas em salvar os outros por meio de sua carreira, escolhendo uma profissão em que possam "desempenhar" esse complexo de salvador. E indivíduos com Netuno em aspecto desarmônico com Vênus ou Netuno de casa VII podem ficar viciados em relações agonizantes com pessoas que precisam eternamente de sua ajuda.

Os componentes psicológicos dessa dupla salvador/vítima e vice-versa podem ser encontrados nas configurações astrológicas de Netuno/Lua, Netuno/Sol e Netuno/Vênus em desarmonia, sendo mais comum encontrar esta síndrome em mulheres do que em homens.

## Síndrome da fusão

Esta também é uma síndrome quase sempre universal para os netunianos, pois o desejo de fundir-se é uma forte característica desse tipo astrológico.

A casa onde se encontra Netuno no mapa natal, os aspectos que ele forma com os outros planetas e a casa que ele rege vão revelar, possivelmente, áreas com um potencial para "com-fusão". Confusão em que sentido?

Nessas áreas, não se consegue delimitar com muita clareza onde o "eu" começa e onde termina, onde os outros começam e onde terminam. São áreas em que os limites do "eu" estão apagados ou nebulosos, em que ele se embola, se envolve com os outros e com as coisas sem saber exatamente até onde deve ir, quando avançar, quando recuar, quando parar, quando a ação é sua, quando é do outro, o que já fez, o que deve fazer ainda. Ali tudo é possível, pois sempre há mistura e confusão.

É daí que nasce o sentimento ou o impulso para fundir-se com o outro, deixar de ser, "des-existir", virar o outro, tornar-se o outro, viver no outro, fundir-se e desmanchar o doloroso sentimento de separação e isolamento. Esse é o sonho de todo netuniano.

Seu sonho é ir embora deste mundo, ou melhor, é não ter chegado aqui, não ter saído da barriga da mãe com quem estava fundido num amor dedicado e incondicional. Estar aqui é penoso, doído, isolado. Por isso, seu sonho é abandonar o barco, sumir, apagar-se no outro. É diminuir a angústia de estar aqui, separado e distanciado de um conjunto, de uma inteireza maior.

A pessoa que não se detiver e não elaborar esse processo, além de uma sensação de melancolia eterna, vai dar um salto para dentro do outro quando este aparecer e se agregar à sua pele, virar o outro. Afinal, é embaraçoso para o netuniano ser quem é; é embaraçoso e constrangedor ser separado. Por isso, o primeiro que aparecer e com quem puder se embolar – seja na área amorosa, seja na área profissional ou até na de trabalho social –, ele o fará.

O netuniano não pode ver um ponto luminoso, que vai atrás: ele ainda espera que esse outro seja solar, radiante e poderoso para que possa entrar nele e virar sua sombra. É quando surgem personalidades mais fortes e mais poderosas – seja um professor, um mestre, um pai – que o portador desta configuração deseja fazer parte dela.

Isso é muito comum em configurações de Netuno/Sol pois o desconforto de ser "um", de achar que é e existe por si só, é muito complexo para a sutileza de um Netuno/Sol, principalmente em aspecto tenso.

Freqüentemente, o netuniano usa as relações de amor como pretexto para fazer a fusão. O amor é um excelente terreno ou desculpa para que o netuniano deixe de ser "um", abdique da própria individualidade e do árduo caminho de ser separado para se integrar, se embolar em outro, já que outra configuração bastante comum nesta síndrome é Netuno/Vênus em desarmonia.

Para essas personalidades, viver a própria vida é profundamente desinteressante e desprovido de valor. Elas sempre buscam situações e relações nas quais possam se doar completamente, abdicar de seu "eu", viver a história do outro e pelo outro renunciar, sem nenhum sacrifício, à própria identidade ou à própria existência.

Isso pode ocorrer entre amantes, entre mãe e filho, entre marido e mulher, e é mais comum ser encontrado entre as mulheres, porque é próprio do universo feminino "estar voltado para o outro", assim como o lado maternal: ter outro que é dependente e de quem você deve cuidar, ser um complemento.

Por conta disso – e paralelamente a isso – todos os indicadores astrológicos de formação de identidade possivelmente estarão prejudicados nesta síndrome: a pessoa pode ter uma casa I fraca, que é a casa do "eu", ou ainda uma casa V – que é a área da expressão, da identidade, do coração e da vocação – aflita. Pode ainda possuir a função solar e/ou marciana prejudicadas ou até uma casa XII, que é relativa aos assuntos de Peixes, bastante cheia ou forte no tema natal. Além de um Netuno proeminente na carta natal, é claro.

A parte de baixo do mapa, que vai da casa I até a VI, é aquela relativa ao desenvolvimento do "eu". A parte de cima refere-se ao desenvolvimento social e coletivo. É necessário, portanto, fazer o percurso da primeira parte para chegar à outra. Não se pode sair da casa I e ir para a IX. Quando o mapa está vazio na parte inferior ou quando há ali planetas que não são adequados às funções daquelas áreas de experiências, a pessoa pode nutrir um desprezo, uma desvalia ou um mau assentamento dos processos de formação de identidade, individualidade e ego. É como se ela não tivesse alimento suficiente, impulso suficiente para desenvolver esse campo. Tudo fica chato, monótono, vazio de "eu". E, como não tem "eu" suficiente para gostar tanto de "algo" a ponto de sustentá-lo, recheia-se esse "eu" de outro "eu".

Essa distorção tem sido muito comum nesse começo de milênio, em que as pessoas querem transcender o ego numa feira esotérica sem base emocional e egóica para tal. Ou então ficam todos "fora de si" por meio de alguma droga, fazendo um processo de distorção entre ser e espiritualidade!

Não há condição de fazer um "eu" sem auto-estima, sem a formação de um ego, de uma consciência de si, de uma potência de existir e de se perceber, inclusive como uma parte individual da criação. Não se pode desmerecer a criatura individualizada, porque ela é, sobretudo, uma criação. E, se a criatura é tão sem graça assim, que papelão fez esse Criador!

## Síndrome do desconforto com a encarnação

Nesta síndrome, derivada das anteriores, seu portador se sente desconfortável com o fato de estar encarnado, com as regras da encarnação na matéria.

Essa situação é própria da incompatibilidade com a imperfeição do mundo, com a imperfeição da condição humana em confronto com a idealização e a busca do estado paradisíaco, da sublimação do real, característica típica dos portadores desta síndrome. "As coisas não se encaixam com o que eu tenho postulado como ideal de perfeição." A todo instante encontro imperfeições à minha volta, e não deveria ser assim: "O mundo não é como eu imaginei que fosse. Não era para ser assim".

O mundo simplesmente não obedece aos seus sonhos, as pessoas não agem com o melhor de si e, ainda por cima, há todo esse trabalho inútil de pequenas e infindáveis tarefas diárias! Para quê? A encarnação parece ser constrangedora para essas pessoas.

Elas vêem aquela quantidade enorme de tarefas cotidianas para ser resolvidas, sem nenhuma grandeza, só para servir de lixo no dia seguinte. As pessoas falham o tempo todo, são imperfeitas, cometem asneiras.

"Se as coisas não são como sonhei e pensei, o que eu estou fazendo aqui? Isso aqui não é para mim!"

É comum existir esse desconforto com a realidade no caso de um Netuno angular, pois há uma enorme necessidade de *glamour*, de ficção, que a realidade muitas vezes não provê. Isso nos faz lembrar o filme *D. Juan de Marco*, em que o personagem principal descrevia o mundo com um tom, com uma ênfase, que não eram próprios da realidade, mas sim infinitamente mais interessantes do que ela. É como um delírio, uma poesia, um recheio que a realidade deveria ter para ser mais atraente.

Como no filme, o netuniano faz o mesmo: escolhe pessoas insípidas e monta para elas um roteiro glamoroso. Tempos depois, acaba percebendo que aquilo não se deu da forma como ele concebeu. Há um distanciamento, uma distorção, uma recusa em viver a realidade porque, para as pessoas que sofrem desta síndrome, a realidade, tal como nós a criamos, é pobre e feia. Tudo fica parecendo insípido, incolor, vazio, ordinário e simplório para esses "sedentos de refinamento" e "esses bêbados de romance e encantamento". Essas pessoas precisam de cenografia, sonoplastia e muito enredo para que a vida fique interessante. O que se recomenda nesses casos é criar na vida cotidiana e diária espaços para viver o dia-a-dia com mais *glamour*, beleza, poesia e encantamento, como tomar banho de banheira à luz de castiçais, jantar à luz de velas, só ouvir música romântica, encher a casa de flores sempre...

Podemos sempre transformar atividades banais em vivências sublimes, e isso não faz mal algum. Ao contrário, traz momentos de magia e encantamento que colorem a encarnação, porque só ir ao banco lotado, enfrentar fila, fazer pagamentos, lavar a roupa, esfregar o chão, arear panelas não dá! Esse problema ocorre com freqüência quando Netuno está nas casas II, VI ou VIII, envolvido ou não com os regentes da casa XII ou da própria casa VIII.

Como decorrência disso tudo, há uma enorme dificuldade em ganhar dinheiro, em manter as contas pagas, prover o próprio sustento, cobrar por um serviço prestado, principalmente se este tiver um cunho humanista. E, sobretudo, há uma tendência a lesões ou infortúnios financeiros causados por descuido próprio, negligência, mau uso ou exploração por parte de terceiros em assuntos materiais, pois esse netuniano deixa a cargo do outro, do parceiro, dos colegas ou do tesoureiro a sua conta bancária, seus pagamentos, seu fluxo financeiro.

É um sofrimento para esses netunianos cuidar das coisas miúdas, porque justamente quem é portador desta síndrome de Netuno tem, paralelamente, uma baixa utilização de Mercúrio, como já dissemos. E é do âmbito de Mercúrio lidar com miudezas, fazer contas, ficar atrás do outro para saber o que ele já fez. Isso parece para os netunianos algo muito difícil, confuso, caótico, porque Netuno lida bem com a totalidade, a abrangência, a síntese, e não com o detalhe. Se a pessoa aprendesse a usar sua função mercuriana, amenizaria muito essa resistência às exigências cotidianas.

Temos também de olhar para as casas II e VI, pois, além da questão do dinheiro e da matéria, que são questões dessas casas, há o como e o quando fazer algo: como produzir ou como fabricar, que é assunto da casa II, e como e quando operacionalizar, fazer funcionar, desencadear o processo, que é relativo à casa VI. Esses netunianos se espantam ao perceber que nenhuma das etapas do fazer é abstrata; que "fazer" pressupõe fazer do começo ao fim. Eles gostariam de dizer um "Abracadabra" e ter tudo pronto num piscar de olhos. Outras personalidades nesta síndrome desenvolvem uma tendência a se refugiar em suas fantasias. Sendo assim, o ideal é resolver isso de forma saudável, sem precisar "sair da vida", mais livre, preenchendo-se de encantamento.

É muito comum encontrar esta síndrome em mapas com aspectos tensos entre Netuno/Saturno. Quando existe essa tensão e se polarizou o lado saturnino e não o netuniano, vai existir uma desconfiança quanto à validade ou à importância de produzir esse encantamento no dia-a-dia. O tipo que tende para o lado saturnino vai achar que "é bobagem, que isso não leva a nada". Mas, quando predomina o lado netuniano, sente-se um imenso fastio pelo real, pois existe a necessidade da fantasia, de *glamour*. Ou seja, há um divórcio entre sonho e realidade.

A conjunção desses planetas tende muito mais, na verdade, a fazer uma fusão dessas energias, buscar juntar os dois lados, sejam quais forem. Já na quadratura e na oposição, há a sensação de que são lados irreconsiliáveis, e, quando a pessoa encara a realidade – que para ela é um horror –, esta a tira de um mundo imaginário, rico em imagens e sensações. É como se houvesse um divórcio entre essas duas instâncias – o reino do imaginário e o mundo real.

Os aspectos de conjunção trígono e sextil são relativos às gerações mais bem resolvidas, que perceberam que é perfeitamente possível, dentro do âmbito do concreto, do real, das leis que regem a realidade, ter orquídeas em sua mesa e jantar à luz de velas para acessar um mundo mais rico e sofisticado. Não é preciso estar desencarnado ou em outro plano.

E, quando as pessoas não conseguem fazer o encaixe de sua vida concreta nesse mundo mais glamorizado e encantado, refugiam-se em ambientes fora do mundo, caem fora, se retiram para conseguir viver de modo extramundano, pois o mundo não oferece meios de prover-lhes esse *glamour*. São pessoas, por exemplo, que vão morar em Ashrams ou monastérios, que se exilam em lugares e recriam um mundo totalmente à parte, com ritmo e tempo próprios, com apelos geográficos e arquitetônicos, além de viver relações humanas totalmente fictícias.

O que ocorre é que, na maior parte das vezes, essas pessoas acabam indo para esses lugares mais por terem "falhado aqui" do que necessariamente para buscar outra forma de viver ou organizar sua vida. É como se fosse a busca de um ventre protetor, um grande ventre, que nesse caso não é o materno, e sim o espiritual. Ali não se tem de lidar com contas, com cheques, com bancos ou filas; ali não é preciso carro para se locomover, não é preciso lidar com os confrontos e limites da vida concreta, não existe essa feiúra que a vida mundana apresenta.

E os netunianos podem ser vítimas de propostas de paraíso como essa, principalmente se for para sair de uma situação de fracasso ou para pular uma etapa de formação de identidade, pois se sentem incompetentes em administrar tanto o mundo real como seus desdobramentos: lutar pela vida, cuidar do próprio sustento, lidar com dinheiro, cobrar pelo seu trabalho, se ver sozinho e responsável pela própria vida.

## Síndrome do místico

A síndrome do místico é baseada na necessidade de mistificar, espiritualizar ou divinizar a realidade. Tudo é sagrado, tudo é sinal de alguma coisa ou indício de algo: quer dizer isso ou aquilo. Desde a topada no banheiro até os sonhos da noite anterior, tudo é sinal da presença divina na vida desses netunianos.

Com esta síndrome, é necessário divinizar o Universo para justificar a encarnação, para recuperar a nobreza da criação, para dar sentido à existência, para saciar a sede do grande encontro, da reunificação, eliminando o sentimento de vazio e isolamento de anjo caído.

Por conta disso, há uma busca cega, tortuosa e fragmentada de um espaço sagrado, de uma via espiritual, de um guru, de um pai ou de uma mãe cósmicos que finalmente os protejam, ajudem, salvem, aliviem e respondam às suas questões. Tal atitude pode, é claro, torná-los totalmente dependentes de seitas inescrupulosas, de guias e mestres despreparados, e, ainda, fazer que endeusem a todos que pareçam prometer algum alívio espiritual, alguma visão simulada do paraíso. E é bom não esquecer que, para um bom netuniano, parecer é suficiente para ser.

Isso é muito comum com Netuno em aspecto desarmônico com Júpiter, principalmente se um dos dois for regente do signo solar, do ascendente ou da casa V.

Como nesses casos a relação com o divino é evidentemente confusa, esse caminho espiritual com certeza será feito com respostas distorcidas. O problema não está apenas nesse indivíduo, mas também nos seus escolhidos, nas pessoas para quem eles transferiram toda essa necessidade de proteção e amparo espiritual. Assim, esses netunianos procuram qualidades divinas em astrólogos, metafísicos, sensitivos etc.

É necessário encontrar alguém que os guie em suas crenças, que explique tudo pelas leis maiores: "Se tiver de acontecer, vai acontecer; se aconteceu assim, é porque não era para ser; isso é sinal daquilo". Ou seja, a pessoa vai interpretando cada pedra do caminho como um sinal da vontade de Deus e, principalmente, vai retirando de si mesmo toda a vontade e responsabilidade sobre a própria vida. O que assistimos então é a uma caricatura do zen e, como resultado, um discurso cada vez mais espiritualista, cheio de explicações, divagações e postulados, paralelos a uma vida pessoal e concreta progressivamente caótica, regressiva e inoperante.

Nesse estado dispersivo, as religiões têm funcionado como uma fuga, um alívio, uma busca por soluções mágicas, e não como alimento espiritual e conexão com o divino, o que tornaria o indivíduo mais sábio, mais consciente e mais íntegro para seguir o próprio caminho.

Essa é uma tendência muito séria em nossa época. Com a entrada de Plutão em Sagitário em 1995, os indivíduos em geral começaram a aspirar por algo maior, pela busca de uma família divina, um pai e uma mãe cósmicos que pudessem aplacar todas as suas aflições, todos os seus medos, todas as suas frustrações. Como conseqüência, começaram a atribuir poder e valor transcendental a pessoas infinitamente mal preparadas, que não têm um percurso espiritual sólido ou se autodenominam portadores de alguma mensagem divina, sem que nunca alguém lhes tivesse outorgado esse poder.

Há uma tendência em banalizar o espiritual, dar uma explicação transcendente ou metafísica a qualquer acontecimento, por mais trivial e simples que seja. O que se vê de mais grave nessa tendência é a mistificação de qualquer pessoa que tenha um pouquinho mais de conhecimento do que chamamos de sagrado. Automaticamente, o netuniano sai por aí dando a esse outro um aval, uma autoridade sobre questões muito sérias, que filósofos e metafísicos tentam responder há milênios.

## Síndrome do enamoramento

Em que outra situação de vida se tem o mais alto grau de enebriamento, entorpecimento dos sentidos, encantamento e sensação de estar acima dos problemas do cotidiano, enlevado, anestesiado e hipnotizado do que na situação de enamoramento?

A embriaguez produzida pelo estado de paixão, a sensação de que todo o resto não tem a menor importância, de que você está, de alguma maneira, alijado do real é um estado de graça para a alma. Esse estado é bastante almejado do ponto de vista netuniano: não saber muito de si, estar esquecido de si no outro.

Para essa temporária perda de orientação e de concretude produzida pelo estado de enamoramento, toda fantasia de amor será estimulada e acolhida. A situação, inclusive, não precisa ser real. Basta o objeto de amor existir ou "semi-existir" para provocar o enlevo da alma a partir da fuga para outros mares, outros mundos. Basta essa licença para sonhar.

Aliás, a capacidade dos portadores desta síndrome de engrandecer e enobrecer não só o objeto de amor como todo o roteiro do romance é algo "hollywoodiano", principalmente se houver um Netuno de casa V: de uma pequena ponta da história, eles fazem um romance de quatrocentas páginas. O herói e a heroína ocupam cenas de primeira grandeza dentro da história – são acrobatas, grandes amantes, aventureiros, filósofos, portadores de virtudes inebrantes que correspondem ao ideal netuniano. Na realidade, basta o outro ter uma pequena fala ou fazer uma atuação medíocre e o netuniano cria todo o resto do roteiro, incluindo efeitos especiais, cenografia e sonoplastia. O filme, então, será um sucesso.

Há uma enorme necessidade de fortalecer o tecido da vida com fantasias e sonhos e de criar proezas que contrastem totalmente com o descolorido de suas vidas. O que realmente deveria ser feito é não viver uma vida paralela, à margem, sobreposta de fantasias que contrastem com uma vida medíocre, vazia e insípida. Nesta síndrome, quanto mais frustrante e sem graça a vida, mais força ganharão as ilusões, as quimeras e a necessidade de aproximá-las da ficção.

## Síndrome do grande encaixe

A síndrome do grande encaixe ou do grande encontro é derivada da síndrome do enamoramento. Nesta síndrome, a pessoa passa a vida esperando o momento em que ocorrerá uma grande virada, um grande encontro, uma grande tacada, um grande ajuste, a hora em que tudo vai dar certo. Só que até agora não aconteceu. "Não aconteceu porque ainda não aconteceu, mas vai acontecer!", sustenta ela.

O portador desta síndrome conhece tão profundamente como se dá a mágica da vida que é apenas uma questão de esperar o momento certo, quando então tudo vai acontecer como num passe de mágica. Ele se espelha em exemplos ou situações únicas e raras, como: "A Madonna começou assim, lavando prato... Mas houve um momento em que sua vida girou. E, se aconteceu com ela, por que não pode acontecer comigo?"

Esses netunianos acreditam que acontece um processo mágico na vida e que, em dado momento, todos os caminhos se cruzam e você está justamente ali, naquele meridiano. É de repente, não há nada a fazer, é uma questão de encaixe e sintonia. Cabe dizer que essa crença vale para assuntos financeiros, afetivos, profissionais, dependendo do mapa individual e dos valores de cada um.

Aliás, a mídia é a maior estimuladora dessa crença, pois há todo um aparato alimentando isso, dizendo que é possível o impossível, que o impossível acontece, que é uma questão de latitude e longitude. É só ficar na espreita.

Contudo, a vida vai passando, e, quando chega a quadratura Netuno/Netuno, aos 42/43 anos, descobre-se que já é um pouco tarde, que o sapatinho de cristal não existe, e começa um progressivo esmorecimento. É a chamada grande desilusão, quando nos vemos na seguinte situação: "Será que não é bem assim? Será que não vai acontecer? Não pode ser! Eu esperei por isso a minha vida toda!"

Como efeito colateral ou negativo disso, há o desenvolvimento paralelo da passividade, de uma atitude de entrega, de "pendurar as chuteiras", não atuar mais sobre a própria vida e sobre o próprio destino. Inclusive porque o "destino é coisa dos deuses", e eles, evidentemente, o fazem melhor do que qualquer um de nós. Cabe lembrar que os deuses podem não ter reservado um destino tão fabuloso assim para todos nós.

Esse indivíduo realmente acredita que, de uma hora para outra, as circunstâncias vão lhe favorecer e haverá um desfecho positivo. Ele realmente acredita num processo mágico, num poder absoluto que estaria ali o tempo todo lhe protegendo para que não fosse preciso tomar nenhum tipo de atitude. A postura passiva perante a vida é por crer que do outro lado existe uma força maior que gera os processos da vida.

Esta síndrome é muito comum em Netuno tenso com Júpiter: é a fé na magia da vida.

## Síndrome do paraíso perdido

A síndrome do paraíso perdido se dá quando o netuniano tem uma imagem criada e gravada do que seria uma condição ideal de vida, um local ou uma situação onde todos os seus desejos e sonhos se realizariam. É o que se constitui numa das fantasias mais preciosas, pois todos nós temos Netuno no mapa, e a casa em que ele se encontra é onde podemos desenvolver esta síndrome. Trocando em miúdos, todos nós temos a imagem do que seria uma situação ideal, que permitiria reviver a sensação da barriga da mãe em que se estava fundido com ela durante a gestação. Se você perguntar a uma criança de 5 anos de idade ou a um adulto de 90, eles descreverão com detalhes o que significa para eles um lugar paradisíaco. Ninguém esteve lá, mas todos se lembram dele e sabem descrevê-lo em detalhes. As pessoas que apresentam esta síndrome não só têm uma consciência clara de como seria esse local, esse "nirvana", como também sentem uma nostalgia profunda de um lugar infinitamente melhor.

Por exemplo, um Netuno de casa XII, que já esteve nesse local e perdeu essa condição paradisíaca, consegue com facilidade senti-lo novamente, em virtude de sua P.E.S., que provoca uma saudade infinita desse lugar. Como conseqüência, qualquer um que lhe prometa alguma coisa vaga ou remotamente parecida com isso, o convencerá, pois, dessa vez, finalmente vai recuperar o paraíso perdido.

Os portadores desta síndrome vivem em busca de seus sonhos e correm atrás de quem lhes mostre algo remotamente parecido com aquilo. É como se estivessem num deserto perseguindo uma miragem. Eles terão de novo aquela experiência e reviverão aquela sensação, aquele sentimento. E perseguem aquilo como se fosse um oásis num deserto... Mas, quando chegam perto e tentam tocá-lo para ver se é real, o oásis se dilui e some.

São essas pessoas que caem com mais facilidade em contos-do-vigário, engodos, desencontros amorosos, escândalos financeiros, viagens de férias vendidas por folhetos: compra-se aquele pacote de sete dias numa praia maravilhosa por causa da cor da água, mas chegando lá não existe aquela cor. Em vez do maravilhoso azul, encontra-se uma água cinzenta. É o turismo fictício, a publicidade fictícia e a loteria esportiva que vendem sonhos e paraísos perdidos.

## Síndrome de *Caras*

Como já dissemos, há um aparato na mídia, um marketing e uma indústria alimentando a síndrome de *Caras*, ou melhor, o mundo da fantasia.

"Você viu Fulano de tal? Nem parece que é tão rico, ele é tão simples."

"Imagine só, a Stefanie (a princesa de Mônaco) levou um tremendo fora do marido. Coitada... Se fosse eu, não deixava por menos, dava o troco na mesma moeda."

Com esta síndrome, a pessoa acha que tem intimidade com os famosos e escolhidos e que todo esse mundo glamorizado, idealizado e charmoso é acessível a qualquer um. O indivíduo vê a Caroline, a princesa de Mônaco, em um mundo totalmente inacessível, diferente do seu, sofisticado e elitizado. De repente, ela aparece de touca de banho em revistas como a *Caras* e nos dá a sensação de que participamos do mundo VIP, do mundo do Olimpo.

"Você viu a banheira da Claudia Raia? É igualzinha à minha."

Os netunianos se definem por projeção, por identificação, por idealização: "igual à Caroline, igual ao Al Pacino, como a Claudia Raia".

Os atuais adolescentes, com Netuno em Sagitário em seus mapas natais, têm um traço comum, que é o de alimentar uma expectativa grandiosa, uma ambição profissional e vocacional megalomaníaca sem, porém, ter a menor intenção de imprimir qualquer esforço para atingi-la. É como se objetivos concretos pudessem ser atingidos por meio da magia, do fantástico, do extraordinário.

Os mitos e os exemplos nos quais se espelham são sempre de pessoas grandiosas, mas que não tiveram uma formação ou aquilo que a sociedade exige deles, como estudar, pois "a Madonna não fez nem o primário". Eles utilizam exemplos de pessoas que se deram muito bem na vida "e não vivem 'ralando' desse jeito que querem que eu 'rale'".

Portanto, quando esse pessoal estiver com quarenta e poucos anos e perceber que o mundo não está, de maneira alguma, caminhando para o desfecho grandioso com o qual tanto sonharam, será desastroso. O mundo está cada vez mais árido e competitivo. E nada sustenta essa ideologia, a não ser alguns setores da mídia.

## Sugestões de cura para as síndromes de Netuno

Seguem algumas sugestões ou procedimentos a serem utilizados na tentativa de cura dos sintomas netunianos.

No caso de Netuno como determinante de síndromes, vamos observar e descrever as funções psíquicas cujas características arquetípicas são antídotos das síndromes de Netuno e representam dificuldades e desafios.

### *– Desenvolver a capacidade de discriminar ou a função Mercúrio*

O grande antídoto para a tendência à supressão da realidade – que é característica da síndrome da Alice no País das Maravilhas, em que se barram os fatos e a realidade para dar passagem à fantasia – é o desenvolvimento da capacidade lógica, analítica, separativa, discriminadora: separar o joio do trigo. O grande trabalho a ser feito pelos netunianos, nesse caso, é ativar a função pensamento, que pode lhes trazer resultados extremamente benéficos.

O segredo é dividir em partes: "Isso não faz parte daquilo, você não é aquilo, aquilo não é você; você não tem nada que ver com isso", ou seja, separar em partes e relacioná-las entre si, vendo que cada uma delas não quer dizer necessariamente a outra. A presença de uma não necessariamente dita a presença de outra. Isso torna a mente aguda e atenta. Basta prestar atenção nos detalhes, verificar as informações, se informar mais, reparar no que diz, comparar, pensar, raciocinar, perguntar, isolar uma coisa da outra, ler a respeito, estudá-lo, juntar as peças, associar, relacionar.

Isso é um trabalho para Mercúrio, e esse planeta ou faculdade psíquica é de grande auxílio para as síndromes de Netuno. Muitos dos equívocos, enganos, mal-entendidos, fantasias e decepções poderiam ser evitados verificando, checando, se informando a esse respeito. A informação é preciosa para a cura das síndromes de Netuno.

*– Desenvolver o princípio da realidade ou a função Saturno*

O desenvolvimento do princípio da realidade, o conhecimento das leis que regem o mundo real, o mundo da matéria – diferenciando daquilo que não é material, dos sonhos –, como os fatos realmente se dão nas leis do tempo, nas leis da matéria, nas leis da realidade: tudo isso é regido por Saturno. As referências aos limites e à estrutura, o reconciliar-se com a encarnação, com a realidade, com os dados reais, fazendo algo de bom com isso, sem fugir, sem rejeitar isso, refinando o real, aceitando-o e reverenciando-o – essa é a maior contribuição que um Saturno equilibrado pode dar às síndromes de Netuno. Aliás, Saturno é de precioso auxílio para esses ingênuos e fugidios netunianos, para que não queiram ir embora daqui, não queiram migrar daqui. Para tal, sugere-se aos netunianos fazer as pazes com Saturno, reverenciar Saturno – a velha e determinada cabra da montanha, como também é conhecido.

*– Desenvolver a identidade, a singularidade ou a função solar*

O desenvolvimento da função solar da personalidade é de crucial importância para a cura das síndromes netunianas: a afirmação da identidade, da capacidade de ser singular, de ser uno, a busca do próprio brilho, de seu potencial criativo, herdado do Criador. A função solar diz respeito a não se conformar em ser uma criatura apagada, anulada, pronta a se desfazer ou se desmanchar em outra.

Paralelamente, recomenda-se desenvolver os demais atributos solares: a luz, a consciência de si, a clareza, a lucidez, o senso de si e não do fora de si. É com base nisso que se irradiará luz, calor e vida como o Sol, para combater a nostalgia, a melancolia, o vazio, o desamor pela vida, que são aspectos de Netuno-Sol, e poder assim se afastar do auto-sacrifício, do autodesdém, do autodescuido. A função solar é o reconhecimento do aspecto divino de sua criatura, do aspecto criador e criatura, e não de se considerar uma criatura qualquer. É preciso convencer o "eu" de que ele tem esse direito.

A função solar foi bastante distorcida pelo princípio judaico-cristão e pela Igreja Católica. Havia a cruz e havia o amor: o mestre trouxe a cruz e trouxe o amor, mas o amor foi distorcido em seu sentido mais genuíno e tornou-se sacrifício. Essa é uma idéia profundamente netuniana, a idéia da cruz levantada, do "sacrifício que vai me redimir e me dar direito a entrar no reino de Deus", como se houvesse alguém nos julgando, absolvendo ou condenando por algo que não praticamos, mas que a Igreja Católica prega que sim: o pecado original. Por conta dele, passamos a vida expiando nossa culpa e sentindo a dor de viver neste mundo malvado. Por isso, temos de nos sacrificar, sofrer e penar para merecer sentar ao lado de Deus, um dia.

Isso é realmente uma distorção da própria leitura do texto sagrado. Se procurarmos ler atentamente, em especial os primeiros textos sagrados, veremos que é o amor que está em evidência. E, se você foi feito à imagem e semelhança de Deus, então como pode ser uma criatura tão ordinária? Além disso, se Deus, num ato de amor, sacrificou o próprio filho para salvar a humanidade, então ela já está salva.

### – *Desenvolver a auto-afirmação ou a função Marte*

O quarto ponto é o desenvolvimento da função Marte, que rege a capacidade que temos de agir, de experimentar a luz que emana do nosso Sol e funciona como uma espécie de executivo do mapa, fazendo a identidade se afirmar e se diferenciar por meio de suas ações, da luta e da defesa de seu corpo, suas idéias, desejos, crenças e objetivos. Além disso, Marte rege a vitalidade, a qualidade da energia vital do nosso corpo, e, com Netuno proeminente no tema, pode haver uma baixa vitalidade, ou uma baixa qualidade energética – principalmente se Netuno estiver na casa I, a casa do corpo físico. Nesse caso, a pessoa tem uma dissipação energética, uma sensação de fraqueza, de fragilidade do corpo, e, em alguns casos, chega a ter a sensação de "incorporeidade", de transparência.

Pessoas que têm Netuno na casa I ou Netuno como regente do ascendente em Peixes, ou ainda o ascendente mal aspectado por Netuno, podem ter a sensação de que não existem real e concretamente, desenvolvendo, muitas vezes, um desdém e um desprezo pelo corpo físico, um descuido, uma desatenção ao corpo, como se não estivessem materializadas. São pessoas que adoecem com muita facilidade, que se cansam à toa, têm pouco fôlego, facilmente se exaurem, não agüentam muita tensão física ou energética. Há casos de pessoas com Netuno na casa I que, de tempos em tempos, vivem uma sensação de apagamento, de que estão rodando, de que não estão pisando no chão. E não raro são pessoas que sofrem de pressão baixa.

Por isso, recomenda-se o desenvolvimento da faculdade marciana, porque Marte é que produz o dínamo, o tônus energético para a personalidade como um todo. Portanto, todas as atividades físicas, incluindo as esportivas, criam um manancial extra de energia, ainda mais para aquelas pessoas que se exaurem com muita facilidade ou para as quais acordar de manhã é um sofrimento. Com um bom Marte, asseguramos também a autodefesa do "eu". Isso é muito importante, especialmente para Netuno de casa V, que é a casa da identidade e da auto-expressão. Nessa posição, Netuno pode levar a pessoa a abrir mão do próprio espaço sem dificuldade.

Qualquer trabalho que lide com a energia telúrica, sensorial, com a consciência do corpo – de que você tem carne, pele, sensações, corporeidade, densidade ou um corpo que lhe sustenta – é recomendável, pois desenvolve a consciência de que o corpo precisa de atividade e de descanso, de alimentação correta e de temperaturas agradáveis que o sustentem. É um trabalho de estimular e reequilibrar o chacra básico ou raiz, que é o primeiro, aquele que nos enraíza, que faz a nossa ligação com a terra, com a matéria, com os instintos (ver "Os chacras").

A prática assídua da dança e da música é uma belíssima expressão de Netuno para harmonizar essas manifestações, pois nelas se emprega não um antídoto, e sim o próprio veículo, ou seja, o próprio planeta Netuno. Mas isso, a dança, principalmente, é uma prática altamente netuniana, e há pessoas com Netuno angular, para as quais a dança chega muitas vezes a produzir um estado de êxtase, uma sensação de clímax, uma exaltação de sentimento e emoção que altera todo o padrão energético do corpo, trazendo vitalidade.

Recomenda-se ainda realizar todas as práticas que acentuem o tônus energético, a vivacidade, a energia física, tão consumida e fragilizada nos netunianos, além de trabalhar sobre algo concreto, que ajude a encarnar e a perceber melhor os procedimentos da matéria e da concretude, diminuindo assim a abstração.

É aconselhável também evitar atividades em grupo que, de saída, sejam inibidoras do "eu" e da individualidade. Além disso, é importante frisar que os netunianos devem evitar fazer parte de grupos, seitas ou atividades religiosas de origem duvidosa ou controvertida, porque nesse caso, em vez de estimular a função do "eu", eles vão tentar anulá-la. Aqui, deve-se estimular o contrário. Essas pessoas precisam fazer parte de grupos ou entidades que fortaleçam, permitam e incentivem a formação e a construção de uma singularidade, de uma individualidade, de uma identidade, de uma diferenciação de si. Um bom exemplo disso pode ser o teatro.

O teatro cultiva uma consciência de grupo e de individualidade simultaneamente; cultiva uma amizade e uma coesão que estimulam a continência que o netuniano tanto busca, ao mesmo tempo em que fortalece suas diferenças, talentos, individualidade. O teatro nos convoca a achar nosso estilo, nosso compasso, nossa melhor maneira de render, de brilhar, de nos soltar, ganhar palco, expor-nos. Tanto a dança quanto o teatro ajudam na criação de um modo próprio de operar e funcionar, na conquista da autoconfiança no próprio estilo, na marca pessoal, na própria identidade.

Finalmente, como se trata da energia mais sutil de todas, são importantes trabalhos que limpem, organizem e protejam a aura do indivíduo. Essas pessoas, muito vulneráveis ao externo, facilmente se contaminam pela influência do ambiente. Por isso, práticas como cromoterapia, aromaterapia, acupuntura, alinhamento de chacras, massagem energética, cura prânica, shiatsu e toda sorte de terapias que atuam nesse campo sutil são de grande efeito e utilidade.

Podemos citar ainda a terapia com florais, que funciona muito bem para os netunianos. São recomendadas sempre as terapêuticas mais delicadas, pois os netunianos são muito sensíveis, suscetíveis, influenciáveis ao máximo. Por isso, a atuação sobre eles deve ser sempre delicada.

Uma síndrome netuniana não pode ser tratada como se fosse uma síndrome plutoniana, na qual se consegue a cura na marra ou com procedimentos radicais. O equilíbrio energético dos netunianos é muito delicado, principalmente o da criança netuniana, que tem medo de tudo: medo do escuro, de fantasmas, da vida. Para eles, a cura tem de ser conquistada aos poucos, em doses homeopáticas, gota a gota, dia após dia, suavemente. E nunca de forma brusca, de hoje para amanhã. É uma questão homeostática.

Homeostase é a capacidade que todo organismo tem, uns mais outros menos, de se adaptar e integrar suas respostas a estímulos, sejam eles quais forem. Quando alguém é sistematicamente submetido a estresse, sua capacidade homeostática diminui violentamente, e isso gera medo, que cresce à medida que a capacidade homeostática diminui. Quando alguém começa a ter medo de tudo é porque, possivelmente, está superestressado e com a capacidade homeostática reduzida.

Ao contrário, quando descansa o suficiente, dorme e se alimenta bem, a capacidade homeostática aumenta imensamente. Se ocorre um choque ou uma mudança brusca, o organismo se adapta menos traumática ou dramaticamente àquilo. A grande questão netuniana é que esse equilíbrio homeostático é muito frágil, se desestrutura com facilidade e demora a se recuperar. Ou seja, ingerir doses altas disso ou daquilo, suspender bruscamente um medicamento, adotar repentinamente uma medida provoca reações muito fortes nos frágeis netunianos e não são recomendáveis.

*– Desenvolver a função da auto-estima ou a função Vênus*

A última recomendação que deve ser acatada para que os netunianos possam se sentir mais humanos e terrenos, a mais difícil de cumprir na prática, é fazer a tentativa do não-sofrimento, pois nas síndromes netunianas há uma tendência do indivíduo de abusar de si mesmo. Não estamos falando do abuso de outro sobre si, mas sim do abuso da própria pessoa sobre si: ela se boicota, se deixa iludir ou toma atitudes que são lesivas a si mesma, que lhe causam sofrimento e dor, e, novamente, remetem à questão do auto-sacrifício, de se tornar um mártir, de não se poupar da dor.

Cabe esclarecer aqui que estamos falando de Vênus, como regente de Touro e, portanto, como significador da auto-estima.

Nesse caso, recomendamos o desenvolvimento da função venusiana, que é a contrapartida dessa tendência, pois, quando a auto-estima está equilibrada, ajuda o "eu" a se poupar. Poupar-se não no sentido de se defender – que é uma questão de Marte, a autodefesa do "eu" – mas no sentido de aliviar seus fardos, aliviar a "barra", suavizar a aspereza do mundo, tornar tudo mais agradável, mais gostoso de fazer de modo que se torne mais gostoso viver.

Tomando a liberdade de brincar um pouco com o tema, conviva mais com taurinos ou leoninos, que se premiam o tempo todo com os pequenos e grandes confortos e prazeres que a vida tem a oferecer. E, finalmente, se você estiver próximo a algum netuniano, se você for seu parente, seu terapeuta ou seu amigo, ajude-o, induzindo-o ou estimulando-o a escolher dentre todas as situações de sua vida aquela em que exista menos sofrimento. Ajude-o a perceber que, quando for optar por uma situação, quando for sair de um problema, quando for decidir algo, quando for falar com alguém, o melhor é escolher o caminho de menos sofrimento, porque a tendência das síndromes netunianas é a de abraçar o caminho da dor.

## Referências bibliográficas

(1) BRANDÃO, Junito de Souza. *Mitologia grega*. v. I e II. Petrópolis: Vozes, 1986.

(2) CASTRO, Maria Eugênia de. *Dimensões do ser: reflexões sobre os planetas* Rio de Janeiro: Hipocampo, 1991.

# Síndromes de Plutão

Pessoas com Plutão muito forte ou acentuado em seus mapas natais são possíveis portadoras da síndrome de Plutão. Elas são chamadas de "tipos plutonianos", ou simplesmente plutonianos.

O que determina se a pessoa tem um Plutão forte em seu mapa natal?

- Ter Plutão em posição angular: quanto mais angular, mais forte será seu efeito sobre a personalidade do indivíduo. Ou seja, quanto mais próximo do ascendente, meio do céu, fundo do céu ou descendente, nessa ordem de importância, mais efeito terá. A orbe que usamos para os planetas em

conjunção com os ângulos é de 10 graus antes ou depois, e seu efeito antes do ângulo é notoriamente mais forte.
- Ter Plutão nas casas I, X, IV, VII, nessa ordem de importância, sem necessariamente estar em conjunção com o ângulo da casa, o que significa estar mais de 10 graus depois dele.
- Ter Plutão em aspecto tenso (conjunção, quadratura ou oposição) com Sol ou Lua, com orbe de até 5 graus.
- Ter Plutão em aspecto tenso com Mercúrio, Vênus, Marte ou o regente do ascendente, com orbe de aproximadamente 3 graus*.
- Ter Sol e Lua em Escorpião.
- Ter planetas pessoais em Escorpião.
- Ter um stellium em Escorpião.
- Ter o ascendente em Escorpião.
- Ter Plutão em conjunção com os Nodos Lunares, cabeça ou cauda do dragão, ou próximo a eles, por significar um processo inconsciente e por toda a orientação da vida do indivíduo ser na direção de Plutão ou oposta a ele.
- Ter Plutão na casa V, porque é a casa da identidade, e qualquer planeta ali se expressa.
- Ter Plutão nas casas VIII ou XII, que são setores do mapa propensos a desenvolver processos inconscientes.

Alguns aspectos acima citados podem propiciar mais de um tipo de síndrome. Outros são mais genéricos e característicos de todos os plutonianos que acessem o padrão de energia: o arquétipo de Plutão.

---

* No caso do homem, Marte representa a energia mais forte e de maior influência; no caso da mulher, é Vênus.

# O mito de Hades ou Plutão, o rico

Hades ou Plutão, o rico, era a personificação do mundo subterrâneo ou inferno, mas também muito conhecido como "o invisível, tenebroso, cruel, terrível, violento". Após a vitória sobre os Titãs, como já vimos, o Universo foi dividido em três partes, cabendo ao Hades o imenso império localizado no rio das trevas brumosas, nas entranhas da terra e, por isso mesmo, denominado etimologicamente "Inferno".

Como também já foi aqui narrado, Hades ganhou dos Ciclopes o capacete que o tornava invisível e, por ser conhecido por este epíteto, seu nome era raramente proferido: Hades era tão temido que não o nomeavam com medo de excitar-lhe a cólera. Normalmente era invocado por meio de eufemismos; Plutão, o rico, era o mais comum, como referência aos seus hóspedes inumeráveis, mas também às riquezas inexauríveis das entranhas da terra, fonte profunda de toda a produção vegetal. Isso explica o corno de abundância com que é muitas vezes representado.

Violento e poderoso, Plutão receia tão-somente que Poseidon, "o sacudidor da terra", faça o solo se abrir (já que ele era senhor do mar, o teto do Hades) e franqueie aos olhos de todos os mortais e imortais sua morada horripilante, local odiado, cheio de bolor e podridão, como descreve Homero, na *Ilíada*.

Geralmente tranqüilo em sua majestade de "Zeus subterrâneo", permanece confinado no sombrio Érebo, de onde saiu apenas duas vezes, uma para raptar Perséfone, filha de Deméter, que se tornou sua esposa, e outra para se curar de uma flechada no ombro direito, cura esta solicitada a Apolo, deus curandeiro.

Hades é tão ligado a Zeus ctônio (das entranhas da terra) que Hesíodo prescreve ao camponês que o invoque, juntamente com Deméter, deusa da vegetação, quando do início das plantações. Enquanto Plutão possuía um valor puramente eufemístico, que encobria o verdadeiro caráter de Hades, o cruel, o implacável, o violento, o inflexível, odiado por todos, não poderia com este nome receber as honras devidas a um deus.

Plutão era muito pouco cultuado na Terra, possuindo apenas um templo em Elêusis, aberto somente uma vez por ano e por um único sacerdote. (1)

# Palavras-chave associadas ao arquétipo de Plutão

## Expressão positiva

Abismos, absorção, adivinhação, agente secreto, águia/gavião/condor, alquimia, ápice de crises, animais símbolos: phoenix, aparelho reprodutor/eliminador, aparelho urogenital, armas, armas superpotentes, associações de empresas, atração, augúrios/vaticínios, autodeterminação, autoridade inata, banqueiros, bombeiro, bruxo/bruxaria, carisma, carma, CTI – Centro de Tratamento Intensivo, cemitérios, cicatrização, cicatrização psíquica, ciências, cirurgião plástico, cirurgiões em geral, coagulação, compulsão/instintos, consciência da morte, contra-espionagem, curandeiro, curar, dentistas, desafio, desligamento, despertar, desprendimento, destino, detetive, diabólico, dinheiro, divisão/multiplicação, domadores, domínio, drenagem, egiptologia/arqueologia, eliminação, emergências, energia, enfermeiros, entrelinhas, envolvimento, erotismo, escorpião, esfinge, ESP/P.E.S., espião, espionagem, espiritualismo, espólios, estratégias/estrategista, histórias de mistérios/suspense/terror, faquir/faquirismo, fascínio, feiticeiro, força invisível, forjas, fortunas, guarda de segurança, guardião, guias espirituais, gurus, heranças, hinduísmo, *holdings*, inconsciente, inconsciente coletivo, iniciação, iniciados, intensidade, interiorização, intuição, investigação, investimentos, liberações, liderança inata, lucros associativos, luz/sombra, magia e mágicas, magnetismo, mago, médico, médico-legista, mente penetrante/profunda/inconsciente, metalurgia, metamorfose, mimetismo, mineração, mistério, misticismo, morte, mundo ctônio, mundo subterrâneo, necrotério, negócios associados, noite, numismática, o abominável, o guardião dos segredos, o indesejável, o inexorável, o intratável, o terrível, ocultismo, o desconhecido, paixão, pajé, percepção, perigo, perigo de vida, pesquisas, pessoas enérgicas/energéticas/estimuladoras/intensas, penetração, poder, poder coletivo, poder de cura, poder pessoal, policiais, pompas fúnebres, potência, profetas/profecias, provocação, psicólogos, psiquiatras, psiquismo, moiras/destino/quinhão de cada um, raciocínio dedutivo, rapto/raptor, reanimar, reassumir, reaver, recobrar, recompor, reconhecer/revelar, reconquistar, reconstruir, recriar, recuperação de energia, recuperar, recursos, reencontrar, refazer, refletir, reformar, regenerar, regozijar, reino das sombras, reino oculto, rememorar, renascer, renascimento, renovar, reorganizar, reorientar, reparar, resgatar, resistir, resistência, resistência à dor, ressuscitar ressurreição, restaurar, rever, revitalização, criptografias, reviver, riquezas/dinheiro/tesouro, rituais, segredos, seguros em geral, seguro de vida, serpente, situações-limite, sobrevivência, superação, subsolo, sublimação, transformação, transformação da escuridão em luz, transições, transmigração, transmutação, treinamentos árduos, tribunais, tumbas/criptas, ultrapassagem, verdade escondida/oculta/profunda, visão do paradoxo, vontade poderosa, vulcões/vulcanologia/erupções, convulsões de toda sorte.(2)

## *Expressão negativa*

Abandono, abismos, abutres/urubus, antiética, agiotagem, agressividade, alta traição, amor fatal, amoralidade, anjo mau, arrogância, assassino, assombrações, aterrorizador, ardil, armadilha, atitudes obscenas, atomização, auto-agressão, autodestruição, aviltamento, bruxos, cárceres, carniceiro, carrascos, castigos/punições, castração, catástrofes, ciúme, cobiça, cólera, comércio de sexo, compactuar/comparsas, complexos, conluio, crimes/criminosos, criptas, crises, crueldade física, crueldade psíquica, culpa/culpados, decadência, delação/delator, depredador, descarga, desejo compulsivo/obsessivo, despeito, déspotas, desprezo, desrespeito, destruição/destruidor, difamação, dinheiro roubado, dissimulação, doenças venéreas, dominação, drenagem/purgação, eliminação, erotismo doentio, erupção vulcânica, escravidão, escravos gladiadores, escuridão, espezinhamento, espionagem mercenária, esquecimento/banimento, esterilidade, estuprador/estupro, execução sumária, executores, exibição de força, explosão, extorsão, fantasmas, fascismo, fatalidade, fera interior, ferocidade, forças incontroláveis, frieza, frustrações, fúria, fuzilamento/tiroteio, gente das sombras, golpes de Estado, golpes financeiros, governos tirânicos, guerras, guerras químicas e biológicas, inferno mitológico, horror, hospício, imprensa marrom, indignidade, inflexibilidade, injustiça, insensibilidade, intriga, introversão, inveja, ira, irracionalidade, insanidade, jogos de poder, lobisomens/vampiros, loucura, lugares mal-assombrados/fantasmagóricos, luto, máfias/Ku-Klux-Klan, mágoa, manipulação, maquinação, massacres/genocídios, medo/medo inconsciente/do desconhecido, mercenário, meretrício, miséria, motins/rebeliões, mutilações/mutilados, nazismo, necrofilias/necrotérios, ninfomania/priapismo, noite eterna, o cobrador, o crime organizado, o implacável, o irremediável, o macabro, o poderoso chefão, obscenidade, obsessão, ocultamento, ódio, opressor, orfandade, organizações secretas, orgias, pânico, paixão alucinada/desenfreada/obsessiva, pavor/fobias, penas máximas/de morte, penas/massacres, perda de energia, perigos, plutonização, pobreza espiritual, pobreza psíquica, poder da magia, poder de vida e morte, poder do dinheiro, poder do sexo/abuso do poder, pressão, prisões políticas, prisões/calabouços, prostituição, psicose/psicopatas/psicopatologia, raiva contida, rapto, rede de intrigas, rejeição, repressores/repressão, repúdio, ressentimentos, revoltas, riscos de vida, rivalidade, roubo de segredos, roubos/planos, rudeza, ruínas, sabotagem/suborno, sadismo/masoquismo, salteador, sanguinário, segredos, selvagens, seqüestros, sofrimento, solitária, somatização, sombra, sombrio, suplício/martírio/tortura, subterrâneos, taras tirania/tiranos, tocaia, torturadores, totalitarismo, traição, trama, traumas, vingança, violência física e psíquica sexual, vítimas/algozes, vulcões, vulgaridade.(2)

## As síndromes de Plutão

### Síndrome da expulsão ou mecanismo de eliminação

Esta síndrome é universal. Todo plutoniano tem em maior ou menor escala. O que vai variar é a intensidade da atuação conforme a situação.

Ela ocorre diante de situações de crise em que a pessoa se vê sob ameaças, perdas, riscos, em que normalmente seria necessária uma atitude muito hábil e política para minimizar o risco da perda ou a iminência de um rompimento. Nesse caso, o portador da síndrome desenvolve um processo reativo de retirada, de eliminação. O plutoniano inicia imediatamente um processo de destruição de si mesmo. E isso pode ser em qualquer nível: financeiro, emocional, material, sexual, moral...

Esse processo é psíquico, é profundo, vem da alma. É a psique pulverizando aquela situação ou aquele ser que a ameaça até que não sobre mais nenhum vestígio dela dentro de si. Não se trata de matar simplesmente o outro ou o objeto do desejo. Para que isso acontecesse, seriam necessários outros componentes que reforçassem isso. Trata-se sim de evacuar a área, eliminar os vínculos, esvaziar o adversário, "des erotizá-lo".

O adversário, que pode ser definido como o gerador da crise, é o alvo de ataque e é visto como algo perverso e mau que precisa ser destruído, "deletado", extirpado, juntamente com suas raízes e tudo que tenha relação com a vida do portador desta síndrome. Essa pessoa, agora vista como inimigo, podia ser vista minutos atrás como a pessoa mais querida e, repentinamente, passa a ser a mais rejeitada. A partir de então, será vista como má em toda a sua forma de ser, sem aspectos aproveitáveis. Tudo de bom é extraído dela para que se torne um alvo possível de ser destruído. O julgamento é sumário, sem defesa, sem atenuantes, sem discriminação do que o outro possa ter conservado de bom.

O outro se transforma em réu, em inimigo mortal, porque na visão do plutoniano ele lhe desferiu um golpe, que é sentido como traição. Pode ser algo grave ou algo de menor importância, mas o alarme é sempre a possibilidade de *perda* para o plutoniano. Dentro desta síndrome, enquadra-se aquele tipo de plutoniano que, para se afastar de alguém, precisa destruir o outro, falando mal dele, contaminando-o ou fazendo algo que o destrua psiquicamente. E por quê? Para não sentir a perda de algo importante, ele transforma aquilo em algo menor, em algo banal, passível de ser perdido.

O plutoniano ataca de modo violento, colérico e demolidor alguém que o ameaçou ou feriu. Ele está apenas descarregando sua bateria de armas. A transformação do inimigo em algo terrível é necessária para justificar tal ataque e também para que ele não sinta a real e profunda dor de ser ferido, de perder algo que poderia ser bom.

E que mágoa é essa, que dor é essa, que algo é esse capaz de evocar tal artilharia de combate? É um sentimento que já estava lá, desde sempre, desde muitos e muitos ciclos de vida. O que está por baixo desse sentimento é a dor dilacerante da perda, do abandono, da partida, do desfecho, da falta de amor.

O causador desse sentimento é punido com morte psíquica. A solução é eliminar, pulverizar o causador da dor. Enquanto Urano desliga e Netuno releva doentiamente, Plutão destrói e elimina.

Dificilmente se encontra um plutoniano negociando para minimizar a dor da perda, tentando salvar algo sadio da implosão ou, ainda, reconhecendo que algo daquela história ainda vale a pena ser salvo. Aquele que tenta fazer o papel de juiz de paz só verá a cólera plutoniana aumentar, inclusive contra ele próprio, porque ele estará esvaziando a estratégia de defesa do plutoniano em questão.

Não adianta argumentar, porque o processo, uma vez deflagrado, é automático. Vem das entranhas da terra e é muito parecido com a sexualidade, de onde, depois de certo ponto, não há retorno possível, porque nesse ponto já foi mobilizado tal nível de energia que a explosão é a melhor via para o escoamento. Caso contrário, ela mata o próprio plutoniano.

Do mesmo modo como não se pára um furacão, uma tormenta no meio do caminho, tampouco se pode parar uma explosão plutoniana. A melhor coisa a fazer é sair de perto, já que é um surto totalmente irracional.

## Síndrome da vítima vingativa

O que se passa nesta síndrome é que seus portadores têm uma ferida que nunca cicatrizou. Eles têm uma dor, uma mágoa, um ressentimento pré-histórico. Há neles um sentimento de direitos adquiridos, que os faz acreditar que possuem créditos perante a vida, porque algo um dia foi tirado deles. Portanto, o mundo lhes deve algo.

Há uma profunda sensibilidade aos ferimentos: algo lhes foi tomado ou impingido. Pode até ter sido um fato concreto, como a morte prematura de um dos pais, rejeição materna (Lua/Plutão), falência financeira da família, perda de poder ou ainda muito tempo de convivência com alguém que tinha poder e vivia a humilhá-lo. Pode ter que ver com o fato de ter estudado em colégio particular como bolsista ou ter tido uma situação econômica diferenciada das pessoas com quem convivia quando criança (Plutão tenso com Saturno ou Plutão de casa X); ter sido vítima de violência política ou de estupro (Marte/Plutão), catástrofes naturais ou doenças sérias no início da vida. São pessoas cujas feridas se manifestaram num nível mais violento do que para os outros.

Pode ter ocorrido uma lesão corporal, moral, emocional, sexual, afetiva na vida desses indivíduos, e existe a sensação de que algo lhes foi imposto: uma humilhação, uma violência – e agora alguém tem de pagar por isso. A marca de um plutoniano é a dor de experiências passadas, muito dolorosas. Isso tudo causa um ressentimento social.

Pode até não ter ocorrido nenhum fato concreto em suas histórias, mas uma personalidade plutoniana verá tudo isso com lentes de aumento, como uma "armadilha" do destino contra ela.

A capacidade dos plutonianos de registrar dores emocionais é impressionante. Quando atacados, sentem-se "reatacados", "revivem", "ressentem" a ferida real ou imaginária e aproveitam para gastar o crédito que acham ter contra o destino.

Plutão representa aquela parte da alma mais próxima do instinto – por isso é tão sexual. É a parte da alma que mais tem conhecimento sobre o fato de estarmos vivos e, por isso mesmo, é tão raivosa, reativa, instintiva, inconscientemente pronta para atacar.

O bom plutoniano conhece todos os caminhos da sobrevivência. Plutão não é sutil. Se o que lhe for apresentado for ameaçador, ele se torna um cão selvagem. É interessante observar que o bom plutoniano destrói com consciência do que está fazendo, mas preserva a raiz para replantar quando e se achar necessário. O mau plutoniano destrói tudo.

Quando o planeta envolvido é Plutão, o nível é sempre mais visceral. Plutão não é um deus do Olimpo ou dos céus. Ele reina nos subterrâneos, nos infernos. Isso significa que Plutão representa aquela parte primitiva da natureza, aquela parte rude, involuída da alma, que custa curar por estar muito perto do instinto.

***Observação importante***: quando deparamos com um mapa muito plutoniano, dificilmente será o mapa de uma pessoa que não tenha passado por situações de muito sofrimento ou humilhação. Dificilmente a vida dessa pessoa terá sido em "brancas nuvens". Por isso, será de grande valia conversar com o plutoniano para ir "destrinchando" a vida dele. Muitas vezes encontramos histórias de verdadeiras tragédias familiares, como violência política, pai exilado ou fuzilado (Plutão de casa IV), perseguição racial, sexual, ou seja, tudo que estiver relacionado com o poder da maioria contra a minoria, ou do maior contra o menor, como um estupro, por exemplo.

Pode não ter ocorrido nenhum desses fatores marcantes ou pesarosos, mas, se há uma marca plutoniana forte, com certeza ela foi/será vivenciada em algum momento da vida deles novamente. A dificuldade foi vivida como algo lesivo, catastrófico; o "ataque" desferido foi feroz. E por isso os plutonianos sentem tanta mágoa, tanta raiva e têm muito crédito para "descontar", pois, afinal, eles foram profundamente "feridos".

Quando volta a ocorrer outro fato real, outra situação em que, de alguma maneira, são afetados, magoados, minimamente golpeados, eles reabrem a ferida que nunca cicatrizou. Eles revidam na mesma intensidade, não nos fatos, não no agressor, não na agressão, mas sim na dor sentida. E aproveitam para descontar por essa e por todas as outras "agressões sofridas".

O que é importante entender? Que o indivíduo se comporta de maneira reativa, vingativa, ressentida, magoada porque se sente no "direito" de fazê-lo. Com isso, desenvolve em si mesmo a hostilidade, a agressão, o abandono e forma em torno de si um campo magnético que atrairá pessoas e situações tal qual a energia que exalam. Atraem pessoas capazes de abandoná-los, magoá-los, feri-los, o que faz que o ressentimento aumente. Por isso a resposta correta do outro aos ataques desses indivíduos deve ser amorosa.

Uma das indicações para a cura desta síndrome "da vítima vingativa" é o amor. O que pode curar a ferida plutoniana é o amor fiel, leal, carinhoso e dedicado. Não um amor sexual, mas sim um amor venusiano, que vai transformando essa ferida aos poucos. Tem de ser um amor estável, permanente, dedicado e muitas vezes comprovado. Tem de ser "regado" todos os dias. Esse amor tem o poder da cura.

## Síndrome da perseguição ou "o mundo está contra mim"

Esta síndrome também é universal. Todo plutoniano tem. O sintoma é: "Todo mundo está contra mim".

Ele tem a visão do mundo como um "bloco inimigo", um "cortejo de adversários": "Todos estão aqui para me derrubar, falam mal de mim, me sabotam". O mundo é um enorme campo de sabotagem. Há perigos e ameaças por toda parte, e ele só pode esperar o pior. Não há espaço no mundo para a ingenuidade, a inocência, a amizade. A intenção do outro é sempre perversa, perigosa, ameaçadora: "Por todo lugar, todos querem me roubar, me prejudicar".

"O mal está por toda parte, dentro de cada um": essa é a leitura que faz um plutoniano. Quando esse é o caso de um homem com aspectos entre Vênus/Lua/Plutão, ele vai projetar nas mulheres o que se passa dentro dele. Para esses homens, as mulheres não prestam, são um mal, são pessoas nocivas, capazes de causar grandes danos. Elas são vistas como perigosas porque podem tirar algo da sua alma ou da sua matéria. São mulheres que sempre saem ganhando, que sempre levam vantagem sobre eles.

Esses homens só pulverizam as mulheres quando ocorre uma erotização da relação. Há casos em que mantêm relações excelentes com mulheres com as quais trabalham. As relações só complicam quando se tornam eróticas.

Eles buscam confiança, lealdade, buscam poder confiar; mas só confiam em mulheres que não estão erotizadas por eles. Em geral, sentem-se atraídos por aquelas que detêm algum poder, ou por aquelas que não têm nenhuma classe. Por isso as erotizam, já que a pessoa aqui se relaciona com o poder – Marte ou Vênus em

Escorpião ou aspectos entre Marte/Plutão. Todos os símbolos de poder na mídia e na cultura em que vivemos estão associados à questão sexual. Assim, nesta síndrome, o indivíduo acredita que vai ganhar mais amor e afeto quanto mais poder ele tiver.

Esses netunianos têm a fantasia da mulher como a deusa Kali, aquela que abocanha, pega, domina, arrebata, destrói sua potência e sua força. Assim, passam a acreditar que precisam tomar muito cuidado com as mulheres, mas não percebem o tanto de poder que atribuem a elas agindo dessa forma.

No caso da mulher, ocorre a mesma coisa quando há aspectos de Plutão com o Sol ou com planetas masculinos, como Saturno ou Marte. Elas temem ser destruídas pelos homens ao mesmo tempo em que sentem grande atração pelos mais poderosos.

A sensação é ambivalente: ao mesmo tempo em que se sentem atraídas, temem ser dominadas. São mulheres que competem com os homens, que desconfiam deles e são destrutivas para com eles, por reação, por defesa. Para elas, os homens são perigosos porque destroem e lesam. Isso é comum nos aspectos entre Plutão/Marte/Sol.

A tendência é ser atraída por homens com fortes traços plutonianos, ou seja, dominadores, poderosos, autoritários, infiéis, sexualmente insubmissos. Ou, ainda, com traços vulgares, com uma conduta explicitamente sexualizada, pois só assim o indivíduo poderá "plutonizar" ou erotizar essa mulher.

Nos mapas femininos, os aspectos tensos de Plutão com os planetas masculinos podem ser a indicação de que a desconfiança, o receio, as suspeitas, o temor de ser destruída, de ser humilhada, lesada, dominada, fatalmente recairão sobre os homens. Essa pode ser também a indicação da síndrome: "Todos eles querem acabar comigo".

E que tipo de homem se sentirá atraído por essa mulher? Os dominadores, autoritários, poderosos, agressivos, financeiramente potentes. Ou, ainda, homens intransigentes, inegociáveis, infiéis, implacáveis, miseráveis. Aqueles que não levam em consideração a contrapartida: se para eles é bom e para você não, problema seu.

Existe, da parte dessas mulheres, uma atração muito grande por indivíduos que tenham traços perigosos de personalidade. É uma mistura de sentimentos, da sensação de ser dominada, submetida a um relacionamento temido e ao mesmo tempo fascinante, estimulante. E o pior é que não querem que eles se regenerem, pois assim perderão todo o "encanto".

Brincam com fogo e depois se queixam de ter se queimado. Sabem que o homem é mau caráter, mas casam-se com ele mesmo assim. Entregam em suas mãos todas as economias, que eles, obviamente, gastam. Então reclamam que foram enganadas, pois assim realimentam a síndrome.

**Observação importante**: no livro *Mulheres que correm com os lobos*, da escritora americana Clarissa Pinkola, há dois contos que retratam bem esta síndrome.

Um é "Mulher-esqueleto", e o segundo, que é uma verdadeira obra-prima, é uma interpretação que a escritora dá ao mito do "Barba-azul". O Barba-azul retrata o grande destruidor, o grande demolidor interno da psique. Esse homem, mau e perverso, não é na verdade homem, mas sim uma instância de nossa psique que é demolidora, devastadora e ao mesmo tempo extremamente atraente. Se você se enamora dela, "se dana". Não se fala aqui de uma relação homem/mulher, mas sim de um lado da psique que é extremamente sedutor.

A definição que a escritora dá a esse conto vale a pena ser comentada: Na hora em que você se depara com os demolidores, com essa figura, essa instância da inconsciência, que se atrai pelo perigo, pela ameaça – quando você consegue enxergar essa situação –, deve sair correndo, ir embora, tal qual alguém num deserto de gelo, morto de frio, que, embora cansado, sabe que não pode parar para dormir, pois morrerá congelado. Apesar de exausto e faminto, tem de ir embora 'daquilo' para não morrer. Esse é o aspecto do mal, a força do mal. Ele é devastador, altamente destrutivo e, com ele, não se negocia.

Outro traço é o indivíduo que se relaciona com uma mulher de nível social inferior ou superior ao seu. Ele erotiza a condição social dela.

Isso quer dizer que o indivíduo sexualiza o poder. Vê o poder como algo afrodisíaco. Isso é muito mais comum em mapas femininos, com Plutão em aspecto tenso com Sol ou Marte. Essas mulheres erotizam os homens poderosos, os que ocupam cargos de poder. Elas não se interessam por homens que lhes "fazem a corte"; seu interesse está diretamente ligado ao "título" que o homem carrega. Tire-lhe o título e o interesse vai junto: ele passa a ser um simples mortal.

O grande problema para a cura desta síndrome é que seus portadores não a identificam, pois dizem que é "bom" ser assim. Eles defendem essa causa. Para eles, essas situações é que são boas, o resto é muito chato. Viver sem isso é viver sem cortes, sem cicatrizes, sem intensidade.

## Síndrome do poder ou *power trip*

A primeira questão do poder para o plutoniano é intrínseca ao seu funcionamento: ter poder, ganhar poder, apoderar-se, ter o domínio, ser dominante, onipotente, estar acima de qualquer poder. E, se não puder fazê-lo, a saída é vingar-se ou ajustar as contas. Porque, no fundo, trata-se de um ajuste de poder, pois a pessoa sente, por exemplo, que o outro ficou com mais poder do que ela. Então é preciso calibrar o poder, igualá-lo: "Meu sócio me traiu, então eu o traio também".

E por que tanta necessidade de poder? Toda idéia de ajuste de contas ou vingança se apóia no temor de que sentimentos ruins do passado retornem. É algo que "prende" o indivíduo, que o "amarra". E todas as outras áreas de sua vida ficam esperando para ser resolvidas. Ele joga toda uma vida fora por causa da vingança, do ajuste de contas.

Quanto mais nos ressentimos com alguém ou alguma coisa, mais poder projetamos nesse objeto. E mais: é ele que passa a nos controlar. Essa pessoa, coisa ou situação passa a se tornar monstruosamente poderosa em nossas vidas, e muitas vezes nem sabe da nossa existência.

A questão é estar no domínio, subjugar, ter o controle, ser o elemento dominante em qualquer questão ou entrar em brigas de poder, provocar brigas, ganhar batalhas, domar o outro.

Tudo que estiver relacionado à idéia de poder ou de vingança está associado à idéia de ajustar contas, ajustar o poder, agir de forma que possa tanto quanto o outro ou mais que ele. Essa habilidade do ajustamento de contas é uma espécie de "justiça" às avessas.

Essa questão também pode ocorrer por ocasião de um trânsito planetário de Plutão sobre algum planeta do mapa natal, e o indivíduo se sentir lesado no domínio de determinada situação. Então, é necessário ajustar aquela conta a fim de "ficar quite".

Esta síndrome também pode ocorrer por sinastria, caso em que Plutão forma aspecto tenso com o Marte do outro, por exemplo. E isso pode ocorrer numa relação profissional, de amizade ou amorosa, nas quais o plutoniano está, o tempo todo, fazendo ajustes de poder. A vida desse indivíduo acaba sendo baseada nisso: "Agora é a minha vez de dar", "Agora é a minha vez de levar". Uma relação desse tipo pode ser até muito duradoura.

O desejo de vingança, de "ficar quite" com o outro, coloca, no entanto, o poder do indivíduo fora dele. E é aí que mora o grande engano. A pessoa com quem ele quer ajustar contas ou "ficar quite" está com mais poder. Ele já se colocou em posição de inferioridade.

É bom lembrar que a cauda venenosa do Escorpião ataca e fere mortalmente o inimigo, mas também a si próprio. Nas questões de "acerto de contas" sempre sobra veneno para si. Se a pessoa acredita que pulverizou apenas o inimigo, enganou-se. Sobrou "veneno" para ela também.

O maior problema com o revide é que, quando o indivíduo vai atrás do outro, a vingança passa a controlá-lo. Ele gasta um imenso estoque de energia, que poderia estar utilizando de forma positiva consigo mesmo. No entanto, está obcecado pelo passado e não pode se mover livremente em direção ao futuro. Quanto mais nos debruçamos sobre isso, mais isso cresce na nossa imaginação.

A segunda questão do poder funciona da seguinte forma: "Quero ter muito poder para nunca ser dominado". É não perder, não ser subjugado, eliminado ou humilhado; é ter muito poder para nunca se sentir impotente diante da vida.

Esse plutoniano deseja ter muito dinheiro, que é um dos símbolos plutonianos de poder. A questão do dinheiro, vale comentar, nada tem que ver com "levar uma vida farta", que é característica de Touro, o signo oposto a Escorpião. Tem que ver sim com o título de "ser muito poderoso", que o dinheiro pode propiciar. Quando a questão do dinheiro está ligada a uma síndrome plutoniana, o indivíduo tem o dinheiro apenas para ficar monitorando sua fortuna pelo computador. Na verdade, ele se "escravizou" ao dinheiro. Perder "um tostão" é equivalente a perder poder.

Quando o dinheiro está associado ao poder e não ao conforto, à beleza, à vaidade, à segurança, que são traços mais saturninos, a diminuição ou lesão financeira vai ser sentida como devastadora, porque está relacionada à idéia de poder. Não é porque vai comprar menos ou ter menos, mas sim porque foi desmoronada ou foi atingida uma parcela de poder. Para esse plutoniano, então, resta a fixação de que "há alguém mais poderoso do que eu". Portanto, ele está vulnerável, está violável.

Na questão do poder material e financeiro, com aspectos de Plutão-Marte/Sol ou até mesmo com Saturno, acontece o seguinte: "Quantas coisas podem me atingir se eu domino grande parte delas?"; "Como vou ficar doente se sou bem tratado, se pago o melhor hospital?"; "Que vírus vai me pegar se uso todos os meios de segurança?"

O indivíduo tenta o tempo todo controlar as situações. Ele começa a desenvolver uma espécie de paranóia para aumentar o seu prestígio ou barganhar com a morte e com a infinitude.

E de onde vem essa característica? Ela deriva da crença de que o poder em maior ou menor grau cria uma imunidade, propicia o estar menos sujeito ou menos exposto aos perigos da vida. É ter maior inviolabilidade. Essa é toda a idéia.

O que esse pessoal poderoso faz? Barganha intensamente com o inexorável, até que muito pouca coisa fique sem proteção: vidro à prova de bala, porta corta-fogo, proteção 24 horas etc.

Eles acreditam que, se estiverem mais protegidos, estarão menos vulneráveis, pois há sempre a questão da sobrevivência, que é instintiva para os plutonianos. A não ser naquela hora em que se tem de morrer mesmo – mas só nesse momento. A morte tem muito que ver com o sentimento de desabrigo, desamparo, abandono.

A síndrome que se desenvolve aqui é de voracidade de poder, gula de poder, gula de *status*, volúpia de poder, ou seja, mandar em quem manda, ter poder acima de quem tem poder, mandar no mais rico. Isso ocorre muito nas esferas políticas: ser chefe de Estado, ser congressista, ser presidente, ser chefe dos porteiros, cada um na sua modalidade, no seu nível social. O que está em jogo é a questão do poder.

Essa volúpia põe em marcha, paralelamente, um destino trágico, pois se caminha em direção a um poder absoluto, um poder imenso, um poder fatal. Inversamente, coloca-se em marcha uma proporção idêntica de componentes trágicos. Exemplos disso são pessoas como o filho do Onássis (aquele poderoso armador grego), o filho do Menem (ex-presidente da Argentina) e por aí afora.

Eles crêem em buscar invulnerabilidade, "driblar a própria morte", estar acima da condição humana. Eles tocam no limite, no perigo. Só que também vão despertar a punição trágica, como nas tragédias gregas. As peças de Shakespeare retratam muito bem isso. Para os gregos, o maior crime que os homens poderiam cometer era ultrapassar os limites do humano para se igualar aos deuses. Para eles, isso era punido com um destino trágico.

A terceira questão do poder plutoniano é não estar vulnerável afetiva ou emocionalmente, para não perder o poder. Deve-se ficar alienado dos próprios sentimentos, das próprias emoções; cortá-las, congelá-las, cicatrizá-las na raiz, sem sentir absolutamente nada: "Não sou vulnerável a essas questões".

Assim, o congelamento emocional e afetivo é fruto de quem tem esta síndrome e acredita no poder devastador dos sentimentos. Sabe que eles podem vir a dominá-lo.

Esses plutonianos tornam-se invulneráveis emocionalmente, já que a emoção pode lhes tirar o poder. Por se sentirem perdidos quando estão apaixonados, alienam todo o afeto, sentimentos e emoções. Congelam-nos mesmo antes que eles se manifestem, tornando-se assim imunes a elas. Isso é bastante comum nos aspectos entre Plutão/Lua ou Plutão/Vênus.

Resumindo, a síndrome do poder parte da premissa de que é preciso ter muito poder para nunca perdê-lo, nunca ser subjugado, dominado, humilhado; ter muito poder para não se sentir impotente. Assim, a chance de ser pego pelo inexorável fica diminuta.

No fundo, esses plutonianos sentem-se muito impotentes e crêem que o poder pode vencer a morte. Eles não podem vencer a morte, mas podem driblá-la. O poder, para eles – em maior ou menor grau –, cria uma sensação de imunidade "Quem pode atingi-lo, se você é amigo do Rei?"

Em escala menor, esta síndrome aparece em pessoas simples que, quando investidas de um mínimo de poder, o exercem de modo despótico e autoritário contra os demais. Por exemplo: o síndico do prédio, o guarda de trânsito, o delegado, o escrivão.

Ultrapassar esse limite é uma marca típica de Plutão, planeta que representa a onipotência e também o princípio que põe em marcha os limites do próprio poder. Plutão representa o grande limite – o limite absoluto que é colocado depois que se ultrapassa o próprio limite. Urano é liberdade; Netuno é fantasia; Plutão é o último limite. Ele representa o encerramento, a finitude de algo. O indivíduo não tem mais energia viva para prosseguir naquela direção.

Plutão representa a própria insanidade, a própria loucura, os limites da emoção, da sensação, o sentimento fora dos limites da consciência. A lei de Plutão está fora dos limites da vida; é a morte, a destruição.

Por isso mesmo, uma de suas compulsões é brincar com os limites, atrair-se pelo que pode destruir, pela morte, pela zona proibida. Há uma atração fatal pelo perigo, o que nos leva à próxima síndrome.

### Síndrome da atração pelo perigo

Brincar com o inimigo, atrair-se pela morte e pela zona perigosa são características típicas desta síndrome.

A partir da natureza profunda, por meio de um caso de amor, por exemplo, a pessoa está "aos pedaços", ultrapassa os limites, e então é "detonada" pela morte, destruição, falência, finitude ou loucura, que abarca todos aqueles que ousam ir além dos limites. Até certo ponto, essa ousadia é criativa. Depois, passa a ser destrutiva.

Entre Saturno e Plutão há uma zona de muita criatividade. É bom ultrapassá-la de vez em quando, mas voltar para os limites de Saturno. Saturno é o "limite". Plutão é o "grande limite".

Quando passamos dos limites, é plutônio puro. É muito comum as pessoas de Urano na casa VIII, que é naturalmente regida por Plutão, sofrerem desta síndrome, pois esses indivíduos sentem uma atração fatal pela borda dos limites. Acreditam que é assim que a vida fica atraente. E de tempos em tempos eles ultrapassam os limites só para dizer: "Eu não morri, viu? Estou inteiro. Peguei o carro, subi a Serra de Petrópolis a 160 quilômetros por hora e nada me aconteceu".

Eles podem ultrapassar os limites da lei, no sentido financeiro, por exemplo. São indivíduos que gastam, gastam, gastam e aí se recuperam: vão de 80 milhões a zero; de 15 milhões a nada. Assim, caminham pela vida, entre a abundância e a escassez. Vivem esses desafios achando que não podem ser destruídos. Acontece que podem: passando muito dos limites, serão realmente destruídos.

Saturno determina uma vida ordenada, ou seja, sob controle. Nesses casos, não há catástrofes. Se se ultrapassar os limites de Saturno, haverá muita criatividade. Pode-se chegar até Plutão – mas sempre se lembrando de voltar para os limites impostos por Saturno.

No entanto, os plutonianos não param por aí. Eles avançam nos limites de Plutão, e, então, encontram as catástrofes, acabam com a saúde, estouram as economias, gastam tudo que têm, amam louca e diabolicamente. Esticam os limites das questões amorosas, financeiras, afetivas, sexuais – vertiginosamente. E acham que o pagamento disso, a cobrança, não virá. Mas virá sim, não há outro jeito. Eles crêem que às vezes se perde para poder ganhar mais depois.

Isso é muito comum em aspectos tensos entre Sol/Plutão, Marte/Plutão ou Plutão de casa VIII, principalmente porque tudo que se tem na casa VIII é vivido intensamente. Para Lua de casa VIII é pior ainda, pois Lua é emocionalidade, e na casa VIII isso é intensificado mais ainda. Não podemos esquecer que a emoção é para ser dominada. Na casa VIII tudo é vivido emergencialmente, tudo é vivido como se fosse o fim dos tempos.

Geralmente os portadores desta síndrome são indivíduos que sofreram muitos acidentes, têm uma cicatriz aqui, outra ali, uma perna que manca, um dedo que falta... E mesmo assim estão sempre vivendo desafiadoramente, acreditando que não morrem, que é mentira o que falam por aí.

Outro aspecto também muito interessante: a pessoa em estado de paixão está no limite de Plutão. Se essa paixão ultrapassar os limites de Plutão e o relacionamento der errado, ela morre. É o estado de vulnerabilidade psíquica de uma pessoa apaixonada. É a atração fatal!

Brincar com o inimigo é a síndrome da atração fatal, ou seja, atrair-se, inclusive eroticamente, pelo que pode lhe destruir, matar e lesar. Os plutonianos são atraídos pela morte, pelo perigo, pela zona proibida, pelo inferior, pelos subterrâneos, pelo vulgar, pelo torpe, pelo mal.

Vamos tratar agora da conjunção de Plutão/Urano em Virgem, que começou por volta de 1960. Ela deixou um legado para a humanidade. Pessoas nascidas nesse período pertencem à primeira geração criada, realmente criada, com a televisão. Essa geração tem um sentido muito forte de provisoriedade, ou seja, é quem melhor convive com o provisório, porque tudo passa muito rápido, tudo é muito descartável. Pela televisão as coisas mudam muito rapidamente: há o telejornal, depois vem o filme da tarde, depois a novela, e assim por diante. As coisas vão passando, os cenários entram e saem com muita facilidade. É tudo muito rápido e passageiro, não há tempo disponível para curtir, ver como é, como será, como seria... Tudo fica velho rapidamente. Até então, as gerações curtiam a vida.

Isso significa que esta é uma geração preparada para o final. Tudo é muito novo, mas rapidamente fica velho e não presta mais. Esta nada mais é do que uma geração tremendamente careta, mais materialista que a anterior. A geração que veio antes era explosiva, politicamente potente, responsável pelos movimentos estudantis. E a geração que veio depois, a dos anos 1970, foi a geração que nada fez, para a qual nada tem valor: "O mundo que nos legaram é podre e sem valor". Então nós vamos namorar todos os símbolos da morte.

O que a humanidade herdou dessa conjunção de Plutão/Urano? A atomização, a bomba atômica, o armamento nuclear, época em que cada um queria ser mais poderoso que o outro. A época exalava a sensação de que tudo podia acabar com o simples apertar de um botão, uma guerra de Plutão, terrível, fantasmagórica, profundamente destruidora. Não era uma guerra de Marte, em que as pessoas lutam cara a cara, corpo-a-corpo; era um fantasma terrível a assombrar todas as pessoas. Antes desse período, nunca a humanidade viveu – historicamente falando – tão perto de ser dizimada, devastada, destruída em 15 minutos, com a simples decisão de um governante. Vivíamos num planeta atomizado, que iria pelos ares desde que alguém com poder para tal decidisse que assim seria. Isso gerou uma angústia que a humanidade jamais conhecera até então. Nunca se vivera tanto a sensação de estar vivo hoje e amanhã poder não estar mais; a sensação do acaso, de estar andando na rua e de repente tudo ir pelos ares. Esse é o efeito da atomização, uma condição de vida muito precária.

Atomização é assim: é viver tudo separado, é ter tudo em partículas, tudo aos pedaços. Ninguém em sã consciência nos dias de hoje acredita que vai conseguir tudo "num bloco só". Então, tem-se um emprego aqui, um negócio ali, um serviço acolá, uma renda mais para lá, para fazer um "bloco" para pagar as contas. Um marido aqui, outro ali; um filho com um pai, outro filho com outro pai, e assim por diante. É uma vida *fast-food*; sorvete por quilo, doce aos pedaços: tudo em partes, em porções e muito rápido, muito acelerado. Ninguém mais tem a pretensão de conseguir uma união, uma unidade, uma coisa só num único lugar, uma única pessoa. Esse é um sonho, uma fantasia de que o ser humano está todo quebrado, aos pedacinhos.

A última questão da atomização, que é muito grave, é que tudo mudaria de uma hora para outra, e essa é a pior contribuição que Plutão/Urano deixou para a humanidade.

A sensação de precariedade leva as coisas a não ter mais tanto valor, pois pode ser que nada mais fique, nada mais esteja, que vá tudo pelos ares. Ficou ainda toda essa sensação de corrida, de aceleração, de engolir as coisas, engolir a vida.

Vive-se como se a vida fosse um acidente de percurso, e tudo isso é normal. Não tem começo nem fim. Esse é o perfil psicológico do homem no início deste milênio.

Concluindo, uma pessoa de Escorpião diz: "O fim é igualzinho ao começo, entra e sai igualzinho, não tem diferença. O que vem e o que vai, onde se está ou se deixa de estar é tão abrupto, tão brusco, tão inesperado, tão sem explicação". Não há a idéia de ciclo, de círculo contínuo, previsível, que mostre o auge e a decadência.

O *modus vivendi* é a passionalidade – Vênus na casa VIII ou Lua na casa VIII –, aqui e agora somente.

## Síndrome do abandono

Esta é uma síndrome universal, principalmente para os plutonianos que têm aspectos de Plutão/Lua.

O plutoniano interpreta como um ato altamente lesivo qualquer atitude de exclusão a ele, por mínima que seja, principalmente quando vinda de alguém com quem tenha um vínculo afetivo. Basta, por exemplo, que o outro vá cuidar de sua vida, e isso vira uma questão grave de abandono para o plutoniano. Basta que um irmão vá viver fora numa das fases da vida, que não diga respeito à família, e isso é tido pelo plutoniano como abandono.

Nesta síndrome, a regra é: "É proibido partir". É nestes casos que um dos filhos fica como refém dos pais. Ele não recria ou não constrói laços amorosos pessoais para não trair os pais. Não se casa, não procria, muitas vezes mantém um vínculo sexual marginal, para que ninguém fique sabendo que ele está se relacionando com alguém. É aprisionamento aos pais, por lealdade.

A posse é um traço plutoniano, mas, quando exacerbada, vira síndrome de Plutão. Qualquer partida de uma pessoa com quem se mantém um forte vínculo é vivida como abandono. O plutoniano, então, deflagra contra essa pessoa uma reação de expulsão "porque ela está me abandonando". Aqui o efeito antecede a causa. Começa um processo de afastamento – de "matar" aquele que causou o abandono. O sentimento aqui é o ressentimento: "Eu quero que essa pessoa passe pelo que estou passando". Ele não faz qualquer movimento para evitar o abandono ou, melhor ainda, para recriar a relação. Apenas destrói todo o vínculo, ficando, assim, livre da dor.

Essas pessoas com aspectos tensos entre Plutão/Lua e Plutão/Vênus têm um faro especial para sentir o afastamento do outro. Elas são capazes de captar a mínima distância e em seguida efetuam o afastamento. E o que era mais temido – a perda – é realizado, mas sob o controle delas. A síndrome é: "Você tem de me incluir em tudo em sua vida".

Qualquer tipo de vínculo que vivemos com esses plutonianos, seja de que tipo for – profissional, afetivo, sexual ou familiar –, desde que seja próximo, contém um alto nível de possessividade, ciúme, culpa, invasão.

O netuniano é o que mais atrai esse tipo de plutoniano, pois é também o que não impõe nenhum tipo de restrição porque gosta de sofrer, porque permite a invasão para sentir a fusão.

O fato é que, se o plutoniano não estiver incluído em tudo do outro, surge o sintoma do abandono, e, mais ainda, de traição. Por exemplo: suponhamos que você costume usar os serviços de uma pessoa – um dentista, uma secretária, uma manicure –, e ela tenha esse traço plutoniano, essa configuração. De repente, em determinado período, você deixa de usar os seus serviços, procura outros, substitui, ou simplesmente deixa de usá-los. Isso será sentido por essa pessoa como um abandono, e não como uma tendência natural das pessoas de, em determinado momento da vida, suspender esses serviços ou simplesmente ir procurar outro. O discurso é o seguinte: "Você não pode fazer isso comigo".

Esta síndrome acontece, com muita freqüência, com Plutão de casa IV, Plutão de casa V ou em aspectos com planetas afetivos. O indivíduo que não tem a síndrome nutre um sentimento permanente de constrangimento e culpa com relação a esse plutoniano, e começa a dar desculpas por não ter ligado para ele ou por ter existido sem ele.

O maior provocador da síndrome do abandono é o planeta Urano, como já vimos em suas síndromes, porque ele rompe, vai embora, larga, não quer mais saber. E quem sofre são os plutonianos, que, por sua vez, farão sua demanda em cima dos netunianos.

### Síndrome da invasão ou do controle

Esta é a síndrome dos que precisam saber de tudo o tempo todo, principalmente o que se passa com aqueles a quem estão ligados: é viver *on-line*.

Por trás desse comportamento, há um traço altamente obsessivo. O que acontece é que quando o portador da síndrome não consegue fazer o contato com o outro, por qualquer desventura, entra num estado de profunda agonia e angústia. É como se fosse criado fisicamente um quadro do tipo: a mãe que espera em casa um filho que não chega ou o marido que ainda não chegou do trabalho; a criança num berço à espera da mãe que não chega. O que determina esta síndrome é Plutão/Saturno. Saturno muito forte no mapa tem bastante que ver com a questão do controle. Plutão/Mercúrio tem muito de controle também.

Esta pessoa, objeto ou situação entra então no espaço do limbo plutoniano. Esses plutonianos têm, inconscientemente, um reviver do mito de Perséfone, que foi levada por Plutão para longe de sua mãe. Eles toleram mal a falta de notícias ou o afastamento. O tocar, saber, ter por perto ou telefonar fazem parte permanente do universo dessas pessoas.

Esta não é uma síndrome universal, mas de todas é a mais dolorida, e quem a tem sofre demais porque é muito difícil de tratar. É uma síndrome muito primitiva, da mãe que precisa saber do filho o tempo todo. As mulheres são mais possessivas que os homens; a mãe, é claro, é mulher.

O plutoniano pode viver isso projetivamente, pois, quando tem um baixo nível de consciência sobre si, costuma projetar e passar para o outro suas angústias, seus medos, e o outro os assume como se fossem dele.

Plutão/Sol, Plutão de casa XII ou Plutão/Mercúrio são muito comuns nesta síndrome: "Eu preciso ao menos ouvir a sua voz". Quando a pessoa não tem mais nenhum recurso, ela quer ver a fotografia, porque tem a impressão de que o outro pode não existir. O fato de não ter a menor notícia da pessoa "dá um vácuo" no indivíduo que sofre desta síndrome. Há um sentimento terrível de que o outro entrou no espaço da sombra, do escuro, do buraco negro, que se perdeu, se extraviou. "Vem ou não vem? Será que não chega? Há dez dias sem uma carta. Há vinte dias sem um telefonema. O que está acontecendo?" Muitas vezes não precisa nem de tanto tempo. Bastam alguns minutos.

Os sentimentos envolvidos aqui são de poder e perda. Existe na psique dessa pessoa um lugar de vácuo. Ela já esteve lá. Ela já o conhece. Então, quando alguma coisa sai de seu controle, ela fica sem "roteiro" e entra em pânico.

O vácuo dá claustrofobia e é muito comum de acontecer em momentos de separação. Mesmo quem não tem a síndrome pode passar por isso em certo período. Pessoas que estão casadas durante oito, nove ou dez anos e se separam podem desencadear esta síndrome.

## Síndrome do congelamento

É quando a pessoa está numa situação muito tocante, muito intensa emocionalmente, e, para dar conta dela, congela o sentimento, porque acredita que, se aquilo vier a atingi-la, será simplesmente um "bombardeio".

Ela dissipa a emoção, congela o sentimento. Porém, lá na frente, tempos depois, aquilo explode, por exemplo, numa síndrome do pânico. É o caso às vezes de Plutão/Marte ou Plutão/Vênus.

Um exemplo dessa síndrome é quando a pessoa perde o pai, o filho ou a mãe e não se permite entrar em contato com seus sentimentos. Dois anos depois, ela sente tudo que não deu conta de sentir naquela época, só que agora amplificado pelo próprio tempo.

O mais triste e trágico nesta síndrome é que a pessoa não liga uma coisa à outra. Portanto, não pode haver a cura, pois não se chega à causa. E vira síndrome do pânico.

## Síndrome do pânico

A divulgada crise de ansiedade, chamada de síndrome do pânico, é muito deflagrada com os trânsitos de Plutão. Ela se caracteriza por um medo de multidões, de lugares cheios, onde a pessoa teme perder o controle (causando claustrofobia). É comum também em pessoas com muita ênfase do ar no mapa (Gêmeos forte, Aquário forte, Urano proeminente).

Como funciona esta síndrome? A pessoa está bem, está calma, está quieta e, de repente, dispara uma crise de ansiedade, sem nenhum motivo aparente. É muito parecido com uma descarga de adrenalina. É como um alarme falso. Parece que aconteceu algo muito mais grave, mas não aconteceu.

Alguns associam esta síndrome a um tipo de asfixia, falta de ar. A pessoa quer respirar e não consegue, o que é uma idéia muito próxima da morte.

Estudos indicam que esta síndrome está relacionada a uma disfunção da adrenalina, que é uma função de Marte, regente das supra-renais.

A maior parte dos portadores desta síndrome têm problemas com asfixia e às vezes angústias respiratórias. Isso explica por que eles não entram em elevador, não ficam em lugares cheios, onde há multidões.

Há três motivos que geralmente ajudam a deflagrar a crise:

1. Um ou dois anos antes da crise a pessoa pode ter sofrido um grande "baque", como a perda de alguém muito querido, uma queda financeira violenta, um divórcio, e não deu a devida importância ao fato.
2. A pessoa teve a primeira crise num lugar muito cheio, muito barulhento, muito fechado – essas situações estimulam a ansiedade.
3. A pessoa tem a primeira crise quando está afastada de casa, pois isso tem relação com o sentimento de abandono. Costumam ocorrer crises dentro dos aviões, quando as pessoas viajam para o exterior. Se estivessem acompanhadas de algum dos familiares, dificilmente sofreriam uma crise.

Há duas teorias a respeito desta síndrome:

1. Disfunção orgânica ou mau funcionamento da supra-renal, que dispara a adrenalina (como um alarme quando o ladrão mexe em algo ou entra em casa).
2. Disfunção orgânica no aparelho respiratório, na válvula epiglote que distribui o ar. A sensação é de asfixia.

A crise da síndrome do pânico dura de dois a três anos, ou um pouco mais, que é o prazo de duração de um trânsito de Plutão.

## Síndrome da catástrofe ou da crise

Os portadores desta síndrome crêem existir sempre uma catástrofe à sua espreita. Eles têm delírios de ruína, de morte, de perda, de catástrofes.

Plutão é famoso por estar associado a esses temas. É o caso de Plutão de casa VIII ou de casa XII, Plutão/Marte ou Plutão/Sol.

São pessoas que desligam todos os aparelhos à noite para evitar curto-circuito, pois, para elas, é certo que algum problema vai acontecer; ou que só saem com todos os documentos porque, no caso de serem presas ou de sofrerem um acidente, poderão ser identificadas.

Os escorpianos ou plutonianos são famosos por viverem sempre em crise, acharem que tudo pode descambar numa crise, que viver é uma crise, que tudo gera crise. E aquilo toma a psique da pessoa e a consome de forma até mesmo obsessiva.

Para esses plutonianos, o menor incidente provoca uma avalanche de emoções. É muito comum esta síndrome se manifestar também em Plutão de casa VI ou de casa IV.

O terapêutico aqui é rir, pois só o humor pode ajudar a ganhar consciência.

## Síndrome da vampirização ou da grande demanda

Esta também é uma síndrome universal, ou seja, todo plutoniano tem. Seu portador faz sempre grandes demandas de atenção, sexualidade, perguntas e respostas. Principalmente, demanda energia do outro. São encontros sempre muito intensos com essas pessoas, de onde se sai esgotado.

De modo simples, o que os plutonianos querem é ser totalmente preenchidos pelo outro, depender da sua energia para se alimentar. Assim, eles não desgrudam e não se desapegam do outro. Dificilmente ficam na sua quando o outro está fazendo algo. Invadem o seu espaço com muita freqüência, são onipotentes, exigentes e raramente ocorre troca de energia.

É como um roubo de energia, uma invasão de espaço áurico, um apoderar-se da energia alheia para se alimentar (vampirização). Para esses indivíduos, não há o que os satisfaça; eles sempre querem mais, querem ir mais "fundo", querem saber mais.

Há uma forte tendência ao controle, ao excesso de demanda e à investigação. Nada passa despercebido, eles falam fixando nos olhos do outro a fim de "desvendar" tudo. Não lhe dão sossego. Esta síndrome é quase sempre muito inconsciente.

É comum se manifestar com Plutão de casa I, Plutão/Mercúrio – curiosidade permanente que não se esgota –, além de Plutão/Marte e Plutão/Júpiter em aspectos tensos.

## Síndrome da destruição

Esta é outra síndrome comumente inconsciente. Ela ocorre quando o indivíduo age de maneira que afasta as pessoas que mais lhe dão apoio, que mais lhe amam, que mais lhe trazem ganhos ou benefícios.

Os portadores desta síndrome brigam ou se indispõem com quem mais colabora com seu crescimento e bem-estar. Provocam discórdia nos ambientes que mais lhes favorecem. Traem e afastam aqueles que mais os amam. Começam a se interessar por outra pessoa quando a relação começa a engrenar. Falham sexualmente quando as coisas vão bem no relacionamento. O interesse se intensifica quando as coisas começam a ficar ruins. Boicotam os empreendimentos que são mais lucrativos. Começam a faltar, a falhar e a ser negligentes no trabalho que conseguiram depois de meses desempregados. Desinteressam-se pelo negócio no momento que este começa a dar lucros. Atacam o médico ou o terapeuta que mais tem lhes ajudado a conseguir resultados. Enfim, a lista de autoboicotes é interminável, o que nos faz concluir que o indivíduo é um sabotador de si mesmo: "Está dando tudo muito certo, é melhor parar por aqui".

Este é o típico Escorpião funcionando mal, e vemos isso acontecer nos casos de Sol, Lua, Vênus ou ascendente nesse signo.

## Síndrome de Medéia

Esta síndrome é literalmente de enlouquecer. Trata-se das pessoas que são capazes de usar os mais sórdidos meios quando se vêem abandonadas, traídas, trocadas ou lesadas por alguém. Cometem atos sinistros, descontrolados, de ódio, vingança e até de morte.

O monólogo delas é: "Se eu não posso ter, destruirei. Assim ninguém mais o terá. Ou é meu ou é morto"; "Se fulano não for meu, eu o destruo". O filme *Ela é o diabo* retrata bem esta síndrome, que é muito comum em aspectos tensos entre Plutão/Marte ou Plutão/Vênus e em Plutão de casa VII.

## Síndrome da obsessão

A síndrome da obsessão costuma freqüentar a vida de quem tem aspectos tensos entre Plutão/Netuno, Plutão de casa I ou Plutão de casa XII.

Com esta síndrome, o indivíduo não consegue se livrar de um assunto até resolvê-lo. Ele fica literalmente "tomado" pela questão, até que consiga descobrir ou desvendar aquilo, para que depois possa se "desentupir" daquilo, evacuá-lo, eliminá-lo.

A grande crise é a suspeita, o mistério, a dúvida. Está em dúvida quanto ao comportamento do marido? Contrate um detetive e descubra. Será um alívio, porque a síndrome é o não saber. Depois que descobriu, não tem mais importância. O que não pode é ficar "totalmente ocupada ou tomada" pela desconfiança. O remédio aqui é resolver o mais rápido possível, conversar, falar, descobrir, desvendar para poder eliminar. O que não pode é ficar na dúvida, pois as conseqüências podem ser terríveis para seu portador e para quem está envolvido com ele. E os fins costumam ser trágicos.

## Síndrome de Lúcifer

O arquétipo de Lúcifer é muito plutoniano.

Quem era Lúcifer? Era o mais belo e o mais inteligente dos anjos, que se rebela contra Deus por achar que Este tem poder demais e ele de menos. Ele se rebela contra Deus para igualar-se na questão de poder. Para ele, não bastava ser um anjo belo e inteligente: ele queria mais; queria fundar a própria dinastia.

Do ponto de vista plutoniano, instala-se assim a luta entre o bem e o mal, entre a virtude e o vício. Quem é portador desta síndrome passa a vida atiçando as pessoas a praticar o mal, subornando: "Traia seu marido, ele é um canalha mesmo, vai trair você de qualquer jeito. De que adianta você levar a vida toda sendo certinha? Você não ganha nada com isso. Deixe de ser boba, traia ele".

O ideal do indivíduo que tem esta síndrome é ser "serpente", outro símbolo de Escorpião. É provar que você está errada, que não ganha nada sendo justa e boazinha. Sua meta é combater a virtude.

O portador desta síndrome é extremamente sedutor. Para ele, "a virtude é chata e, geralmente, feia".

O mal é como um "loiro de olhos azuis". O bem é feio e sem sedução, deve-se descobrir sua beleza interior. A virtude não atrai, a não ser pela sua condição moral. O mal é gratificante para os sentidos, faz bem para o ego – é uma desgraça. Tudo que é mostrado é muito belo, muito saboroso. O que o bem oferece é o paraíso depois, mas ninguém pode vê-lo antes.

A pessoa que tem esta síndrome pode ser qualquer um, seu colega de trabalho, seu chefe – ela é extremamente sedutora, bela, oferece vantagens. A intenção dela é marcar ponto para o mal. Essa pessoa não se apresenta de maneira desagradável ou grosseira. Sua fala é mansa e macia, seus gestos são elegantes e encantadores. O diabo não pode se apresentar do jeito que é, com aquela cara feia e com chifrinhos, porque todo mundo sairia correndo.

Qual é a intenção perversa dessa pessoa? É vencer a Deus, não se igualando a Ele no sentido do poder, mas no sentido de aumentar o seu rebanho fazendo o mal. A pessoa que possui esta síndrome é muito inteligente, e ela própria, além de angariar rebanhos para o mal, comete o mal e diz: "Tá vendo? Não acontece nada. Eu vou lá, cometo essa maldade toda e nada me acontece". Ela desafia e prova que dá certo.

Esses plutonianos cometem crimes e saem ilesos, saem impunes. E com isso vão desafiando cada vez mais os limites, porque nada de mal lhes acontece. Sempre induzem os outros a fazer o mal – uma propina aqui, um suborno ali. E a virtude? A virtude não é sedutora.

Podemos citar o filme *Ligações perigosas*, com Michelle Pfeiffer, em que esta quer provar que sua astúcia destrói aquele casamento "de araque" que a outra tem. E no final a mocinha morre. Esse filme é plutoniano de A a Z e retrata bem esta síndrome: uma pessoa boa, ferida pelo mal, morre. Um personagem mau vai fazendo aquela moça bonitinha cometer maldades, por meio de cartas de amor, travestido de bonzinho.

Podemos citar também a própria história do vampiro, pois não há nada mais plutoniano do que ela. O vampiro vai atrás das virgens e não tem quem negue a ele seu pescocinho. Por quê? Porque ele não vai com uma aparência horrorosa. Ele vai lindo, sedutor, irresistível. É um aristocrata, inteligente, romântico etc. Ou mesmo a história do próprio Barba-azul, que seduz as irmãs e casa-se com uma delas com a intenção de matá-la. No entanto, ele não vai atrás delas com uma faca na mão.

E como fica a questão da virtude, que aparentemente não é um bom negócio? Não é, mas passa a ser um excelente negócio. Por isso, muito cuidado com as pessoas que se apresentam num primeiro momento muito perfeitas, bem-acabadas, irreprováveis. O bem ou a virtude não precisam de retoques porque nunca se apresentarão de forma perfeita.

## Sugestões de cura para as síndromes de Plutão

Seguem algumas sugestões ou procedimentos a serem utilizados na tentativa de cura dos sintomas plutonianos.

*– Ampliar a consciência sobre si*

Recomendam-se todas as práticas que ampliem a consciência sobre si, que estimulem o autoconhecimento, o processo de solarização ou de individuação, já que qualquer síndrome de Plutão apresenta sempre uma forte carga inconsciente. O indivíduo não se conhece e não se enxerga. É necessário ver-se de fora, o que ocorre oportunamente em trânsitos em que Plutão faz oposição a qualquer planeta pessoal. O indivíduo pode se ver pelos olhos do outro, identificando-se ou diferenciando-se por projeção na figura do outro. Portanto, qualquer prática terapêutica que aumente o ganho de consciência, como astrologia, numerologia, consultas a oráculos (tarô, búzios, runas, I Ching e outros), e todos os tipos de psicoterapia são recomendados, pois pressupõem sempre uma relação de alteridade.

Entre os processos de conscientização e autoconhecimento, incluímos a observação das relações humanas próximas, pois as respostas que obtemos de nossos interlocutores ajudam-nos a perceber como somos, como o outro é e como age diferente de nós.

### – Buscar alteração de padrão energético

Recomendam-se todos os processos ou práticas terapêuticas que alterem o padrão energético do corpo físico, como homeopatia, antroposofia, medicina chinesa, cromoterapia, terapia floral, cura prânica, harmonização dos chacras, acupuntura, energização da pirâmide, meditação, massagem de vários tipos (do-in, shiatsu, holfing, bioenergética...) e outros.

É quase impossível processar uma cura dos padrões plutonianos sem a ruptura com o antigo padrão energético, sempre tão carregado de forte carga emocional, profundamente arraigada nos porões da alma. É preciso descarregar essa energia plutoniana, pois ela é muito densa e fica presa, grudada, agarrada ao corpo do indivíduo. Essa energia densa começa a atrair eventos e acontecimentos plutonianos, pois dores, mágoas e ressentimentos sentidos por anos a fio tendem a atrair eventos similares.

### – Trabalhar o equilíbrio dos chacras

Qualquer trabalho com os chacras é recomendado.

O que são chacras? São centros captadores e transmissores de energia presentes no nosso corpo, responsáveis por nossa vitalidade e pela manutenção da chama que habita em nós. Os chacras se alimentam de energia solar e cósmica e a distribuem pelo organismo humano (ver "Os chacras").

Por meio de práticas que estimulem o funcionamento e a abertura dos chacras, estaremos ativando esses pontos vitais do nosso organismo e promovendo trocas, limpezas ou liberações energéticas que resultarão em mudança e libertação de sentimentos antigos. Uma vez mais livres e abertos, os chacras deixam entrar uma energia mais amorosa, vitalizadora, harmonizadora, e assim se inicia o processo de cura. Entre tais práticas, incluem-se as citadas no item anterior.

### – Aprender a relativizar

É importante aprender a lidar com as experiências da vida de modo menos denso, menos intenso, menos crítico, menos dramático, menos grave, menos fatal. Deve-se aprender a suavizar as experiências, a banalizá-las, relativizá-las, e não levar tudo "ao pé da letra"; viver cada situação com menos passionalidade, por exemplo, e mudar seu ponto de vista em relação a ela.

### – Buscar o caminho do bem

Por meio da construção de uma ética interna, recomenda-se buscar sempre o caminho do bem, usando a poderosa energia plutoniana como potencial construtivo para grandes feitos. Deve-se aprender a usá-la como ferramenta, como investimento e como paixão por tais empreendimentos para que tudo ganhe uma nova razão de ser. Com essa nova atitude, o plutoniano ganhará nova consciência sobre como usar as reservas de energia do Universo que tudo prové, descobrindo que o além está dentro de si mesmo (principalmente para as síndromes de perda e destruição).

### – Desenvolver a capacidade de amar

Os antídotos de Plutão são o planeta Vênus, regente do seu signo oposto (Touro), e a Lua, ambos indicadores da função amorosa. Nos casos de aspectos tensos entre Plutão e esses planetas afetivos, a terapia mais indicada é a de praticar a relação amorosa. Não só praticar o amor entre homem/mulher, mas estabelecer relações amorosas com todas as pessoas, pois a grande lesão desses indivíduos é o abandono e a falta de amorosidade. Amar é dar amor. E amor cura.

### – Buscar conhecimento e informação

Recomenda-se conhecer e exercer práticas que preguem a diminuição do controle e o fortalecimento do desapego, como a filosofia budista ou hinduísta. Deve-se aprender a entregar o controle ao poder verdadeiro, pois nós não temos poder nenhum, e a confiar mais nos outros, dar-lhes uma chance e procurar realmente baixar o nível de manipulação e controle.

*– Aprender a transformar*
A última dica e a mais eficaz de todas é aprender a transformar, que é o maior poder que o plutoniano tem, apesar de resistir ao máximo em fazê-lo. Recomenda-se usar todas as síndromes no sentido inverso, ou seja, no sentido construtivo da cura, a cura de si e dos outros, colocando-se a serviço da humanidade. Quando curamos os outros, estamo-nos curando também.

# Por que é que se tem Plutão no mapa astrológico?

Plutão está nos mapas astrológicos para comprovar que as coisas precisam ser transformadas, consertadas, reformadas, refeitas, regeneradas, restauradas e reaproveitadas. Plutão representa o poder da transformação, da regeneração e da cura. Precisamos de Plutão para transformar este mundo num lugar melhor para viver.

Nenhum outro planeta seria suficiente para efetuar as transformações tão necessárias neste século. Transformar não é fácil e nem banal. O portador da síndrome de Plutão precisa de uma força equivalente à força desse planeta para conseguir se transformar. E ele a possui.

## Referências bibliográficas

(1) BRANDÃO, Junito de Souza. *Mitologia grega*. v. I e II. Petrópolis: Vozes, 1986.

(2) CASTRO, Maria Eugênia de. *Dimensões do ser: reflexões sobre os planetas*. Rio de Janeiro: Hipocampo, 1991.

(3) PINKOLA, Clarissa. *Mulheres que correm com os lobos*: mitos e histórias do arquétipo da mulher selvagem. 12ª ed. Rio de Janeiro: Rocco, 1994.

# PARTE III

# A caminho da cura

Um ser humano é a expressão de suas várias funções físicas e psíquicas, ou ainda morfológicas e energéticas. É do conjunto dessas funções que surge um modelo harmonioso de funcionamento e existência que denominamos saúde. Quando qualquer umas das funções falha ou distoa, compromete a harmonia do todo, e a essa desarmonia ou dissonância damos o nome de doença. Doença é, portanto, a perda relativa da harmonia do conjunto e pode se expressar como disfunção física ou psíquica, tal como uma alteração na atitude do indivíduo (1).

Quando a energia de uma pessoa se desequilibra, tal fato se expressa na forma de sintomas.

Um conjunto de sintomas físicos demonstra que a doença é no corpo, enquanto um conjunto de sinais alterados ou reativos de comportamento demonstra que a doença é na alma. A este último conjunto de sintomas é que estamos chamando de síndrome.

Seja no corpo ou na alma, o indivíduo como um todo está doente, mas nossa cultura ocidental só considera sintoma aquilo que se manifesta no corpo. Porém, como vimos, as síndromes existem para chamar a atenção de seu portador, assim como de quem convive com ele de perto, porque elas alteram, desarmonizam ou desvirtuam o caminho de vida que aquele indivíduo vinha traçando até então. A consciência nem sempre acusa os sinais de tal alteração porque na maioria das vezes o processo é inconsciente, e a descontinuidade do caminho se apresenta sem que o indivíduo reconheça os sinais.

A síndrome é, na verdade, um lado inconsciente da alma que deseja um lugar ao sol, que deseja ser integrado à individualidade de qualquer maneira. Vamos examinar nossa composição morfológica e energética com mais profundidade para compreender o que a síndrome pode estar acusando?

Além do nosso corpo físico, possuímos outros seis corpos energéticos que o envolvem e regulam nossa mente, nossas emoções, nossas funções psíquicas e espirituais. Esses outros corpos, aparentemente não visíveis, são compostos de substâncias que se encontram em estados de densidade diferentes ou menos densos que o físico e, por isso mesmo, são passíveis de não ser percebidos (Figura 4) (2).

Cada um dos corpos vibra num padrão eletromagnético ou energético específico, de acordo com a freqüência de cada um dos raios de luz que compõem o espectro do raio solar, dos quais se alimenta. Eles estão ligados aos sete chacras ou centros geradores de energia, que por sua vez captam a luz solar e a utilizam para revitalizar o corpo físico como um todo. Esses sete corpos são, de dentro para fora: o corpo físico (nosso velho conhecido), o corpo emocional, o corpo mental inferior, o corpo etérico; os exteriores: o corpo mental superior, o corpo causal e o corpo eletrônico (2).

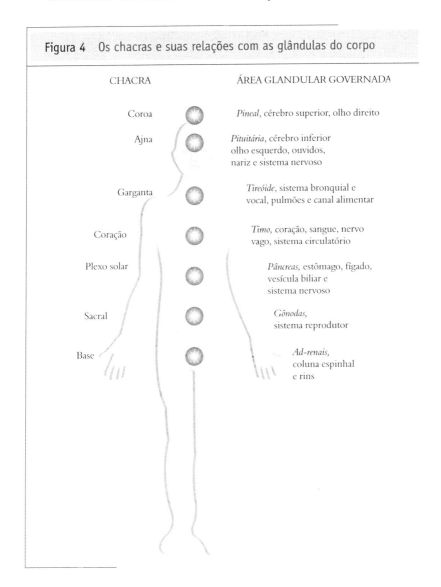

Figura 4 — Os chacras e suas relações com as glândulas do corpo

| CHACRA | ÁREA GLANDULAR GOVERNADA |
| --- | --- |
| Coroa | *Pineal*, cérebro superior, olho direito |
| Ajna | *Pituitária*, cérebro inferior olho esquerdo, ouvidos, nariz e sistema nervoso |
| Garganta | *Tireóide*, sistema bronquial e vocal, pulmões e canal alimentar |
| Coração | *Timo*, coração, sangue, nervo vago, sistema circulatório |
| Plexo solar | *Pâncreas*, estômago, fígado, vesícula biliar e sistema nervoso |
| Sacral | *Gônodas*, sistema reprodutor |
| Base | *Ad-renais*, coluna espinhal e rins |

Cada corpo é uma espécie de transformador de voltagem que capta, transforma e canaliza a força/vida/luz solar em graus variáveis. Os três primeiros corpos – de dentro para fora, o físico, o emocional e o mental inferior – constituem a personalidade. O quarto corpo, o etérico, é a ponte entre os três interiores e os três exteriores, funcionando como mensageiro, arquivista e tradutor das informações passadas entre eles. Os três corpos exteriores – o mental superior, o causal e o eletrônico – são mais espirituais ou sutis e funcionam como receptores e transmissores interdimensionais e cósmicos. A vibração eletrônica do sétimo corpo é tão forte que, se fosse dirigida ao corpo físico diretamente, o eletrocutaria e romperia seus circuitos. Cada corpo é uma camada protetora para o seguinte e corresponde a um conjunto de atividades específico da nossa energia, comandado por determinado chacra (ver "Os chacras").

Nosso corpo físico é, portanto, o último porto de nossas experiências de fora para dentro, muitas delas vividas em níveis mais sutis, emocionais, elétricos, magnéticos, ressonantes ou espirituais. Se algo que foi vivenciado ultrapassou todos os corpos e chegou ao físico/psíquico, é porque há um grau bastante forte de inconsciência do trauma ou desequilíbrio que essa vivência causou. Ou seja, não há mais harmonia, e essa perda de equilíbrio emocional exige a nossa atenção e nos informa de que há algo interrompendo o fluxo natural de nossas vidas.

Como já é de conhecimento de todos, a medicina ortodoxa perdeu de vista a totalidade do ser humano, pois defende apenas a metade consciente do nosso ser. Precisamos reconhecer que o desenvolvimento das especializações e a aceleração da pesquisa científica propiciaram maior conhecimento dos detalhes do corpo humano, mas, ao mesmo tempo, perdeu-se a visão da unidade ou da totalidade do ser que nele habita. Outros conteúdos que a medicina ortodoxa insiste em menosprezar, classificando-os como irracionais, instintivos, intuitivos, insensatos, místicos, ocultistas ou fantásticos, precisam ser considerados (1).

Para a medicina chinesa, todas as dores ou desequilíbrios físicos são originados em dores da alma ou em sentimentos tidos como negativos. Para os chineses, só há cinco tipos de sentimento, que correspondem, cada um deles, a um órgão do corpo físico de caráter fundamental ao bom funcionamento e à harmonia do conjunto. São eles: o medo, o amor, a raiva, a tristeza e a alegria, que correspondem, respectivamente, ao rim, coração, fígado, pulmão e coração novamente. Como é de supor, a cada um desses sentimentos corresponde um chacra ou centro de energia do corpo. Para a medicina chinesa, todos os outros sentimentos, emoções ou afetos são derivações desses cinco grandes grupos de sentimentos. Conseqüentemente, a inconsciência sobre uma dor emocional pode levar à desarmonia ou à disfunção do órgão correspondente.

Novamente gostaríamos de frisar que a síndrome é conseqüência de uma desarmonia num dos corpos sutis, o que acaba revelando que há uma desarmonia no nível da psique.

Na maioria dos casos, a única intenção da síndrome é se fazer notar para que o indivíduo a perceba e inicie uma busca pelo reequilíbrio. A síndrome representa um caminho para a cura, e, quanto maior a consciência com que a enfrentarmos, melhor e mais rápido atingiremos nosso reequilíbrio, que consiste, primeiramente, em se conscientizar de sua existência, para depois querer tratá-la e até curá-la. Sendo assim, a síndrome sempre tenta chamar a nossa atenção.

Quando descobrirmos que a síndrome é uma companheira capaz de nos ajudar a perceber aquilo que nos aflige, nos faz sofrer, nos escraviza, nos controla emocional ou energeticamente, poderemos empreender um caminho em direção à cura.

Todas as síndromes aqui explanadas têm uma graduação de dificuldade maior ou menor tanto para viver com elas quanto para curá-las. No entanto, podemos afirmar que as mais dolorosas de ter são as de Plutão. Em compensação, são elas as mais passíveis de ser elaboradas e modificadas. Seus portadores conseguem transformá-las com o tempo em muitos de seus aspectos, pois a capacidade de regeneração é da própria natureza plutoniana, assim como a coragem de fazer transformações radicais. Além disso, quando a pessoa não se propõe a isso, muitas vezes é forçada a fazê-lo.

As síndromes de Saturno são doloridíssimas e muito difíceis de ser transformadas porque há uma predisposição à rigidez e à depressão, efeitos colaterais inerentes ao tipo astrológico saturnino, além da estruturação excessiva e da dificuldade de mudar pelo medo do que a transformação dos padrões enrijecidos possa acarretar.

Já as síndromes jupiterianas e uranianas são relativamente leves, porém muito difíceis de ser modificadas, porque o seu prejuízo normalmente não recai sobre o próprio sujeito portador da síndrome, mas sim sobre aqueles que com ele convivem. Estes sim é que sofrem seus efeitos. É importante refletir sobre isso.

As síndromes de Netuno estão entre as mais difíceis de superar, pois na maior parte das vezes seu portador tem dificuldade em perceber que sua conduta é distorcida, desarmônica ou dissonante. É quase impossível convencê-lo de que tal procedimento, atitude ou comportamento não lhe faz bem e de que é imperativo mudar, pois é próprio de uma síndrome netuniana a plena aceitação das condições nas quais a pessoa se encontra.

Vale ainda uma última dica: se em algumas seções você se "enroscou" nesta leitura, é sinal de que ali habita alguma desarmonia em sua alma. Por isso, não resista, não desista, vá em frente, reconheça-a, conscientize-se dela, peça ajuda, cuide-se, cure-se, reequilibre-se.

## Referências bibliográficas

(1) DETHLEFSEN, Thorweld; DAHLKE, Rüdiger. *A doença como caminho*. São Paulo: Cultrix, 2002.

(2) REYO, Zulma. *Alquimia interior*. 3ª ed. São Paulo: Ground, 1989.

# ANEXOS

# Termos astrológicos técnicos citados

1. *Trânsito planetário* é uma das várias técnicas de previsão utilizadas pela astrologia, que compara o céu no momento da previsão (atual) com o céu no momento do nascimento de um indivíduo e afere qualitativa, rítmica e ciclicamente o grau de evolução daquela entidade desde o seu nascimento, podendo também apontar tendências e potencialidades para as épocas vindouras, sem no entanto fazer menção ou afirmação quanto aos fatos do porvir.

2. *Sinastria* é a técnica utilizada pela astrologia para a comparação dos mapas de dois indivíduos; ela pode aferir qualitativamente a relação entre eles. Pode ser feita entre um casal amoroso, um

casal de amigos, de irmãos, de sócios ou, ainda, entre mãe e filho, pai e filho, chefe e subordinado e assim por diante. Nessa comparação, é possível detectar áreas de fluência e harmonia na relação, assim como áreas de atrito, de desafios ou de dissonâncias a serem harmonizadas.

3. *Aspecto* é a relação angular entre dois planetas no céu e/ou em qualquer mapa astrológico. Essas relações são medidas pelas distâncias, proporções geométricas e poligonais harmônicas, como triângulos, estrelas de seis pontas, de cinco pontas, de oito pontas, ou ainda por figuras mais duras e desarmônicas, como quadrados (ângulos de 90 graus), oposições (ângulos de 180 graus) ou conjunções (planetas que se encontram juntos no céu). Esses três últimos – conjunções, quadraturas ou oposições – são os ângulos de maior tensão e desafio entre dois planetas ou funções psíquicas de um mapa e pedem conscientização e harmonização por parte de seu portador. Em sinastria, quando um planeta de um forma aspecto tenso com um planeta do outro, faz-se necessária uma conscientização de que ali, entre aquelas funções psíquicas específicas de cada um, deverá existir paciência, tolerância, muita consciência, muito amor e trabalho para que a harmonia seja encontrada.

4. *Ascendente* é o nome técnico para o início do mapa, onde o primeiro quadrante do gráfico astrológico ou, ainda, o começo da casa I; *descendente* é o ponto oposto ao *ascendente*, início do terceiro quadrante do gráfico astrológico ou, ainda, o começo da casa VII. *Fundo do céu* é o nome técnico para o início do segundo quadrante do gráfico astrológico ou, ainda, o começo da casa IV; e *meio do céu* é o nome técnico para o início do quarto quadrante do gráfico astrológico ou, ainda, o começo da casa X, oposto ao *fundo do céu*.

5. *Orbe* é a diferença ou a distância em graus entre dois planetas ou entre um planeta e outro ponto do mapa, ou, ainda, entre dois pontos importantes do mapa como dois ângulos, por exemplo.

6. *Stellium* é o encontro de mais de dois planetas no mesmo lugar do mapa, com orbes muito próximas, o que gera uma concentração de forças, energias e qualidades.

7. *Nodos Lunares* ou Nodo Lunar Norte e Nodo Lunar Sul é o encontro da órbita da Lua com a órbita do Sol no momento do nascimento de um indivíduo. A Lua simboliza a alma, e o Sol, o espírito. Os Nodos representam ou simbolizam os pontos de maior aprendizado anímico-energético que o indivíduo deve fazer em sua existência. O Nodo Norte indica a direção a ser seguida e o Nodo Sul, o ponto em que um desapego é exigido nesta existência.

# Os chacras

Chacras (1) são vórtices esféricos pertencentes ao corpo etérico (ver o capítulo "A caminho da cura"). Eles captam a energia dos raios solares e a distribuem pelo corpo por meio das glândulas endócrinas, que regulam a substância física no nível orgânico, mental e emocional. Os chacras são governados pela nossa consciência e podem estar equilibrados, superativos ou subativos, influindo desse modo no funcionamento de nosso sistema endócrino, criando assim harmonia ou dissonância (Figura 5).

Há sete chacras principais no nosso corpo, além de 21 chacras menores e mais de trezentos

| Figura 5    Energia planetária nos chacras (2) |
| --- |

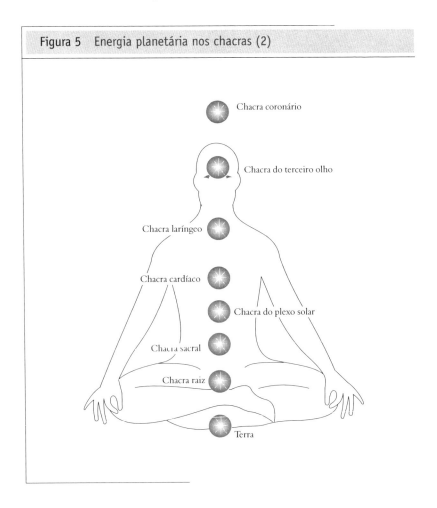

outros pontos de energia que podem ser trabalhados por meio de massagens do tipo do-in ou shiatsu. Acupuntura e outras práticas que visam a estimular nossos meridianos, ou melhor, as linhas que interligam esses pontos e transmitem informações de uma extremidade à outra, também são recomendadas. Essas práticas estimulam nossas glândulas, responsáveis pela secreção de hormônios na corrente sanguínea, os quais, por sua vez, regulam todas as atividades do nosso organismo.

## O chacra raiz – *kundalini*

Também chamado de "âncora do espírito", este chacra é responsável pela ligação com a Terra e a matéria, pela segurança e estabilização, pela sobrevivência, autodefesa, agressividade, sexualidade. É ele que ativa as glândulas supra-renais, os rins e a coluna espinhal, além de gerar a energia sexual ou *kundalini*, como é chamada pelos hindus quando se manifesta no nível espiritual. Sua obstrução pode trazer problemas nessas áreas, como desejo ardente, medo, atitudes e gostos grosseiros e agressivos, reações violentas, dificuldade no controle dos instintos, além do início de doenças físicas como hemorróidas e problemas espinais. Ao contrário, quando equilibrado, transmite segurança e estabilidade, desperta e expande a consciência ecológica, o refinamento e o uso orientado da vontade.

## O chacra sacral

Este chacra governa a reprodução, a fertilidade, o fluxo da emocionalidade, da sensualidade e das relações macho/fêmea e a capacidade de dar e receber. Tudo isso é feito pela da ativação das gônadas (ovários ou testículos). Quando há um bloqueio neste chacra, pode manifestar-se uma busca intensa de prazer e dor, por meio de alimentos condimentados, comportamentos sadomasoquistas, algum grau de histeria, deficiência emocional e sexual, medo e ressentimento contra o sexo. O contrário também pode ocorrer, como equilíbrio emocional e sexual, disponibilidade em relação ao outro, planejamento de passos futuros, prosperidade, fertilidade, criatividade e abundância.

## O chacra do plexo solar

Este é o chacra que rege a maneira como o indivíduo maneja seu poder pessoal e no mundo, como exerce um equilíbrio entre atividade e passividade, governando o sistema nervoso, o fígado, a vesícula biliar, o pâncreas e o estômago. Quando obstruído, pode resultar numa baixa da auto-estima e da autoconfiança. Além disso, diminui a capacidade de auto-expressão, há falta de encorajamento e necessidade de alimentos que forneçam energia rapidamente, como café, açúcar, chá, álcool e drogas. Pode também ocorrer o contrário: de o indivíduo se imaginar mais do que realmente é, excedendo-se no uso da competitividade e da autoridade.

## O chacra cardíaco

Este chacra é o responsável pelo amor, pela compaixão, pela transcendência de julgamento, do preconceito e do pensamento polarizado. Este chacra é, de fato, o centro do ser, o eu superior, que rege nossa auto-expressão, criatividade, senso de autonutrição e sustentação de si mesmo e transmissão dessas capacidades aos outros. Além disso, é ele que faz a integração entre os chacras inferiores (instinto) e os superiores (mente), canalizando as energias da Terra e do céu, casando-as e expressando-as por meio do amor, da criatividade e da consciência de si. Sua obstrução pode causar baixa imunológica, problemas no coração e no sistema circulatório, nervo vago, além de prevalecimento do ego em vez da consciência, sensação de vazio, tendência suicida, hipocrisia e superficialidade.

## O chacra laríngeo (da garganta)

O chacra laríngeo ativa a tireóide e a paratireóide, o sistema vocal e respiratório, além da alimentação. Governa a comunicação, a expressão cognitiva, a audição, a telepatia, o uso do poder do som e da palavra, além de reger a forma de ganhar dinheiro. Um bloqueio nesta área faz o indivíduo não ter consciência do que ouve, diz, transmite, repassa. Além disso, tem dificuldades em se comunicar e não sabe ganhar dinheiro. São aqueles que "engolem" e "não digerem", ficando com as coisas "entaladas". Sua obstrução pode gerar, no nível físico, sensação de vertigens, anemia, alergias, fadiga, asma e confusão por causa da dificuldade de integrar o mundo interior ao exterior, terminando em fracasso.

## O chacra esplênico ou "terceiro olho"

Centro da clarividência, clariaudiência, P.E.S., intuição e intelecto no plano terreno, neste chacra se encontram as formas superiores de vontade, as projeções de formas-pensamento, o equilíbrio psíquico, a integração dos dois hemisférios do cérebro. O terceiro olho rege a glândula pituitária, ou hipófise, que governa todas as outras glândulas. Sua obstrução torna o pensamento e a comunicação ilógicos ou, ao contrário, superintelectualizado. O indivíduo se sente flutuando no espaço, com a memória fraca e cheio de medos com relação ao futuro. Seu bom funcionamento gera equilíbrio entre as mentes inferior e superior, capacidade visionária e integração psicomental.

## O chacra coronário

Localizado no alto da cabeça, este chacra rege a ligação do indivíduo com o Cosmo, a hipersensibilidade, as energias sutis como pureza, inocência e integridade pessoal. Ele governa a glândula pineal, a parte superior do cérebro e o olho direito. É o painel de controle do ser humano, e sua obstrução gera ausência de fé, além de bloquear os estados inspirativos e meditativos por meio dos quais nos comunicamos com as energias cósmicas e divinas. Quando equilibrado, promove a compreensão da unidade da vida, a reconciliação com a criação e o entendimento da verdadeira fonte de vida que se manifesta pelo poder de transmutar ou transcender.

## Referência bibliográfica:

(1) REYO, Zulma. *Alquimia interior.* 3ª ed. São Paulo: Ground, 1999.

# Outras referências bibliográficas

BERANGER, Celisa. *A evolução através das progressões*. 2ª ed. Rio de Janeiro: Espaço do Céu, 2001.
GREENE, Liz; ARROYO, Stephen. *Júpiter e Saturno*. São Paulo: Pensamento, 1988.
HARRIS, Judith. *Jung e o yoga – A ligação corpo e mente*. São Paulo: Claridade, 2004.
MANN, A .T. *A astrologia e a arte de curar*. São Paulo: Pensamento, 1992.
MARONI, Amnéris. *Figuras da imaginação – Buscando compreender a psique*. São Paulo: Summus, 2001.
RIBEIRO, Anna Maria da Costa. *Conhecimento da astrologia*. Rio de Janeiro: Novo Milênio, 1996.
VERNANT, Jean-Pierre. *O Universo, os deuses e os homens*. São Paulo: Companhia das Letras, 2000.

# Leia também

### ASTROLOGIA PARA ASTRÓLOGOS E AMANTES DA ASTROLOGIA
Enfoque místico e científico para o terceiro milênio
#### Assuramaya

Neste livro, resultado de 50 anos de estudos, pesquisas e prática, Assuramaya compartilha suas descobertas com colegas de ofício e apresenta os fundamentos básicos da astrologia. Utilizando conhecimentos de astronomia, biologia, astrofísica e matemática, ele traz informações fundamentais e comentários de caráter filosófico.

REF. 20024     ISBN 85-7183-024-X

### ASTROLOGIA PARA MULHERES
Análise de seus papéis e relacionamentos
#### Gloria Star (org.)

Coletânea de artigos de dez astrólogas abordando temas diferentes sobre a condição da mulher nesse mundo em transformação. O vínculo mãe e filha, o papel do pai para as meninas, o impacto da auto-estima, a amizade entre as mulheres e o celibato são alguns dos assuntos aqui tratados, sempre do ponto de vista dos astros.

REF. 20791     ISBN 85-7183-791-0

### GUIA DO ASTRÓLOGO INICIANTE
Como enfrentar a prática profissional
#### Donna Cunningham

Manual extremamente útil e bem-vindo para resolver um dos grandes problemas daqueles que já dominam a ciência mas ainda não atendem profissionalmente: a dificuldade de começar. Como se colocar no mercado? Como lidar com uma situação de crise? Quanto cobrar pelo trabalho? Como reconhecer seus pontos fracos e suas qualidades especiais? Esses e outros temas são abordados com clareza e eficiência.

REF. 20516     ISBN 85-7183-516-0

### O MANUAL DO ASTRÓLOGO
#### Frances Sakoian e Louis S. Acker

Preciso, fácil de entender e detalhado, este livro discute o impacto dos signos solares na personalidade humana, explorando a sua sutil mas firme influência em nossas vidas. Destinado aos especialistas, mas sobretudo ao leitor leigo, e escrito por dois respeitados inovadores neste campo, ele explica cuidadosamente todos os conceitos centrais e nos fornece instruções fáceis para uma completa interpretação do nosso mapa natal.

ISBN 85-7183-403-2
REF. 20403

**IMPRESSO NA**

**sumago** gráfica editorial ltda
rua itauna, 789   vila maria
**02111-031**   são paulo   sp
telefax 11 **6955  5636**
**sumago**@terra.com.br

## CADASTRO PARA MALA-DIRETA

**Recorte ou reproduza esta ficha de cadastro, envie-a completamente preenchida por correio ou fax, e receba informações atualizadas sobre nossos livros.**

Nome: _____ Empresa: _____
Endereço: ☐ Res. ☐ Com. _____ Bairro: _____
CEP: _____-_____ Cidade: _____ Estado: _____ Tel.: ( ) _____
Fax: ( ) _____ E-mail: _____
Profissão: _____ Professor? ☐ Sim ☐ Não Disciplina: _____ Data de nascimento: _____

**1. Onde você compra livros?**
☐ Livrarias ☐ Feiras
☐ Telefone ☐ Correios
☐ Internet ☐ Outros. Especificar: _____

**2. Onde você comprou este livro?** _____

**3. Você busca informações para adquirir livros por meio de:**
☐ Jornais ☐ Amigos
☐ Revistas ☐ Internet
☐ Professores ☐ Outros. Especificar: _____

**4. Áreas de interesse:**
☐ Psicologia ☐ Comportamento
☐ Crescimento Interior ☐ Saúde
☐ Astrologia ☐ Vivências, Depoimentos

**5. Nestas áreas, alguma sugestão para novos títulos?** _____

**6. Gostaria de receber o catálogo da editora?** ☐ Sim ☐ Não

**7. Gostaria de receber o Ágora Notícias?** ☐ Sim ☐ Não

**Indique um amigo que gostaria de receber a nossa mala-direta.**

Nome: _____ Empresa: _____
Endereço: ☐ Res. ☐ Coml. _____ Bairro: _____
CEP: _____-_____ Cidade: _____ Estado: _____ Tel.: ( ) _____
Fax: ( ) _____ E-mail: _____
Profissão: _____ Professor? ☐ Sim ☐ Não Disciplina: _____ Data de nascimento: _____

**Editora Ágora**
Rua Itapicuru, 613 7° andar 05006-000 São Paulo - SP Brasil Tel. (11) 3872-3322 Fax (11) 3872-7476
Internet: http://www.editoraagora.com.br e-mail: agora@editoraagora.com.br